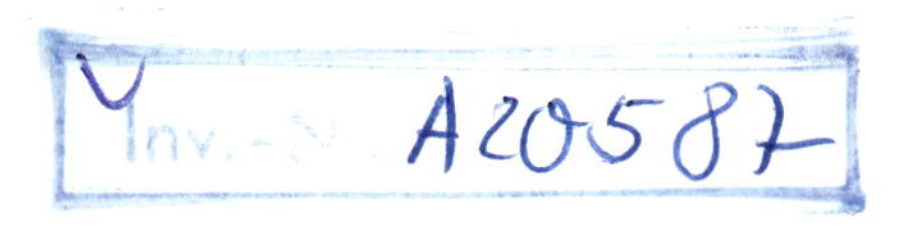

**Beiträge zur Raumplanung
in Hessen/Rheinland-Pfalz/Saarland
4. Teil**

I

CIP-Kurztitelaufnahme der Deutschen Bibliothek

Beiträge zur Raumplanung in Hessen / Rheinland-Pfalz / Saarland.-
Hannover: Vincentz.
4. Teil.- 1983.

(Veröffentlichungen der Akademie
für Raumforschung und Landesplanung:
Forschungs- und Sitzungsberichte; Bd. 148)
ISBN 3-87870-751-7

NE: Akademie für Raumforschung und
Landesplanung <Hannover>: Veröffentlichungen
der Akademie für Raumforschung und
Landesplanung / Forschungs- und Sitzungsberichte

VERÖFFENTLICHUNGEN
DER AKADEMIE FÜR RAUMFORSCHUNG UND LANDESPLANUNG

Forschungs- und Sitzungsberichte
Band 148

Beiträge zur Raumplanung in Hessen/Rheinland-Pfalz/Saarland 4. Teil

CURT R. VINCENTZ VERLAG · HANNOVER · 1983

Zu den Autoren dieses Bandes

Günter Endruweit, Dr. jur., Professor, Direktor des Instituts für Sozialforschung der Universität Stuttgart.

Günter Strassert, Dr. rer. pol., Professsor, Institut für Regionalwissenschaft der Universität Karlsruhe, Korrespondierendes Mitglied der Akademie für Raumforschung und Landesplanung.

Günter Preuß, Dr. rer. nat., Professor an der Erziehungswissenschaftlichen Hochschule Rheinland-Pfalz, Abt. Landau.

Hans Joachim Steinmetz, Dr. agr., Ltd. Ministerialrat, Leiter der Gruppe Strukturverbesserung, Flurbereinigung im Hessischen Ministerium für Landesentwicklung, Umwelt, Landwirtschaft und Forsten, Wiesbaden.

Ingomar Bog, Dr. phil., o. Professor für Sozial- und Wirtschaftsgeschichte an der Universität Marburg, Korrespondierendes Mitglied der Akademie für Raumforschung und Landesplanung.

Best.-Nr. 751
ISBN 3-87870-751-7
ISSN 0344-0311

Gesamtherstellung: Druckerei Emil Homann, Hannover
Auslieferung durch den Verlag

INHALTSVERZEICHNIS

Mitglieder der Landesarbeitsgemeinschaft Hessen / Rheinland-Pfalz / Saarland

Professor Dr. H. Spitzer (Leiter)
Leitender Ministerialrat Dr. H. Schirrmacher (Stellv. Leiter)
Regierungsdirektor Dr. P. Moll (Geschäftsführer)

Weitere Mitglieder:

Professor Dr. Chr. Becker
Professor Dr. I. Bog
Ministerialdirigent Dr. G. Brenken
Professor Dr. W. Hamm
Leitender Planer Dr. E. Hein
Professor Dr. H. Kistenmacher
Leitender Planer Dr. R. Klein
Stadtrat a. D. Dr. H. Michaelis
Ministerialdirigent Dipl.-Vw. H. Oettinger
Baudezernent Dipl.-Ing. H. Petzholdt
Professor Dr. G. Preuß
Professor Dr. H. Quasten
Professor Dipl.-Met. H. Schirmer
Professor Dr. K. Schmidt
Professor Dr. P. Schulze
Professor Dr. K. Schwarz
Professor Dr. H. Spehl
Leitender Ministerialrat Dr. H. J. Steinmetz
Ministerialdirigent Dipl.-Ing. A. Weyrath
Professor Dr. K. Wolf

Die Landesarbeitsgemeinschaft stellt sich ihre Aufgaben und Themen und diskutiert die einzelnen Beiträge mit den Autoren. Die wissenschaftliche Verantwortung für jeden Beitrag trägt der Autor allein.

Vorwort

Mit diesem vierten Band legt die Landesarbeitsgemeinschaft Hessen/Rheinland-Pfalz/Saarland eine Reihe von Beiträgen vor, deren Themen im Laufe von mehreren Jahren Beratungsgegenstand waren. Ihnen liegen größere empirische Untersuchungen zugrunde, deren End- bzw. Zwischenergebnisse hier in verdichteter Form dargestellt werden. Insgesamt zeigt sich eine erhebliche Bandbreite von Themen, die in der Vielschichtigkeit der Raumstruktur der drei Bundesländer ihre Gründe hat.

G. ENDRUWEIT geht den Wirkungen der seinerzeit umstrittenen Kommunalreform am Beispiel des Saarlandes nach. G. STRASSERT befaßt sich mit den raumordnungspolitischen Steuerungsmöglichkeiten von Einkaufszentren und Verbrauchermärkten und stützt sich dabei auf Fallstudien in dem LAG-Gebiet. G. PREUSS vergleicht die Naturschutzgesetzgebung in den drei Bundesländern und zeigt die bisherigen Möglichkeiten durch das Zusammenwirken von Bundesgesetz und Ländergesetzen mit ihren Besonderheiten. H. J. STEINMETZ gibt einen Überblick über Lage und zukünftig zu erwartende Entwicklungen des ländlichen Raumes, woraus sich die Förderungsaufgaben und auch innerhalb der LAG laufende Untersuchungen ergeben. Diesen, die gegenwärtige Landesplanung betreffenden Abhandlungen folgt ein Grundsatzbeitrag von I. BOG über die Sicherheit im Raum. Die LAG hat sich intensiv mit den Sicherheitsfragen in der Raumnutzung auseinandergesetzt, und dieser Beitrag zeigt, in welchem Maße die aktuellen Probleme ihre historische Wurzel haben.

Hartwig Spitzer

Untersuchungen zur saarländischen Kommunalreform[1]

von

Günter Endruweit, Stuttgart

Gliederung

---

[1]) Die Untersuchung wird ausführlich dargestellt bei ENRUWEIT, G.: Verwaltungswissenschaftliche und regionalplanerische Aspekte der Kommunalreform. Eine Fallstudie zur kommunalen Territorial- und Funktionalreform im Saarland. ARL: Beitr. Bd. 56, Hannover 1982.

1. Die saarländische Kommunalstruktur vor der Reform im Bundesvergleich

Als in den sechziger und siebziger Jahren alle Flächenstaaten der Bundesrepublik[2] eine Kommunalreform durchführten, war das Saarland in einer vergleichsweise günstigen Ausgangslage.

Bei den Gemeinden lag - nicht zuletzt als Folge der frühen Industrialisierung und der sehr dichten Besiedlung - die Durchschnittsgröße nach der Einwohnerzahl (2 900) über dem Bundesmittel (2 100). Dazu kam noch, daß die Entfernungen zwischen den Gemeinden im größten Teil des Landes sehr gering waren, so daß eine gemeindeüberschreitende Nutzung von wichtigen Einrichtungen erheblich erleichtert war. Andererseits hatten dieselben Entwicklungsumstände dazu geführt, daß die Gemeindegebiete mit durchschnittlich 7,4 qkm unter den entsprechenden Bundeswerten (9,8 qkm) lagen[3]. Hinzu kam noch, daß die meisten der 345 Gemeinden in Ämtern organisiert waren, die den wichtigeren Teil der exekutiven Aufgaben für die Mitgliedsgemeinden erledigten. Trotzdem hatten von den 62 amtsfreien Gemeinden 32 weniger als 5 000 Einwohner und 27 weniger als die 20 Bediensteten[4], die landläufig als Untergrenze für eine Minimalspezialisierung in der Verwaltung gelten.

Die Landkreise hatten ebenfalls mit 359 qkm eine unterdurchschnittliche Größe (Bundesrepublik: 561 qkm); jedoch lag der kleinste Kreis mit 207 qkm noch in einer relativ günstigen Größenordnung. Ebenso wie die Gemeinden erreichten die saarländischen Kreise mit durchschnittlich 143 000 recht große Einwohnerzahlen (Bundesrepublik: 86 000)[5]; die Einwohnerzahl des kleinsten saarländischen Kreises entsprach noch dem Durchschnitt aller deutschen Kreise. Bereits aus diesen wenigen Angaben läßt sich schließen, daß eine Reform der Kreise weniger dringlich erscheinen mußte als eine Vergrößerung der Gemeindegebiete.

Für die Gemeinden kam noch hinzu, daß auch die Zusammenfassung zu Ämtern nicht immer optimale „Betriebseinheiten" erbrachte; 10 Ämter hatten nicht einmal jeweils 5 000 Einwohner. Zudem sah die Amtsordnung vor, daß die Organe der Ämter nur indirekt, nämlich von den Gemeindeorganen, berufen wurden. Das war, da die Ämter - jedenfalls im Grundsatz - nur ausführende Verwaltung leisten sollten, wohl nicht ganz abwegig. Da sie aber zunehmend (durch freiwillige Übertragung durch die Gemeinden) auch gestalterische, also letztlich zumindest legislatorische Aufgaben erfüllten, stieß diese Konstruktion immer mehr auf kommunalverfassungsrechtliche Bedenken. Diese galten erst recht für die vielen Zweckverbände, die außerhalb jeglicher direkter demokratischer Kontrolle für ihre Mitgliedsgemeinden deren originäre Aufgaben erfüllten, so daß manches Dorf seine garantierte Selbstverwaltung und Allzuständigkeit de facto hauptsächlich durch die Beitragszahlung und Sitzungsteilnahme in einer Anzahl von Zweckverbänden erfüllte[6]. Die Zersplitterung der Aufgabenerfüllung in spezialisierten Zweckverbänden war überdies eine erhebliche Erschwerung für die Landesplanung[7].

---

[2]) Zur Kommunalreform in anderen Staaten vgl. ENDRUWEIT, G.: Die Großgemeinde – eine Notwendigkeit der Industriegesellschaft? In: Archiv für Kommunalwissenschaften 1980, S. 1-25.

[3]) Angaben nach dem Statistischen Jahrbuch auf dem Stand vom 30. 6. 1967.

[4]) Minister des Innern (Hrsg.): Denkschrift über die Stärkung der Verwaltungskraft kleinerer saarländischer Gemeinden. Saarbrücken 1968 (vervielf.), S. 13.

[5]) Zahlen auf dem Stand des 30. 6. 1967.

[6]) Vgl. dazu auch HEIN, E.: Die Kommunalreform im Saarland. Saarbrücken o.J., S. 7; WAGENER, F.: Verwaltung der Kreise in der Industriegesellschaft. In: der landkreis, 4/1966, S. 114.

[7]) NEUNDÖRFER, L.: Die gemeinsame Lösung infrastruktureller Aufgaben durch die Gemeinden des Saarbrücker Raumes. Saarbrücken: Stadt Saarbrücken o.J. (1966), S. 35.

2. Ablauf und Zielsetzung der Reform

Nachdem das Nachbarland Rheinland-Pfalz schon 1967 als erstes Bundesland mit einer Kommunalreform begonnen hatte, wurden auch im Saarland Vorüberlegungen angestellt. Die landesplanerischen Erwägungen finden sich zum Teil in den Raumordnungsberichten des Innenministers aus den Jahren 1968 und 1970. Gemeinderechtliche Modelle für eine Reform wurden in einer Denkschrift des Innenministers im Jahr 1968 verglichen.

2.1 Gesetzgeberische Zielvorgaben für die Reform

Nach der offiziellen Ankündigung einer Kommunalreform in der Regierungserklärung vom 13. Juli 1970 wurde am 17. Dezember 1970 das Gesetz zur Vorbereitung der kommunalen Gebiets- und der Verwaltungsreform im Saarland (GVRG) erlassen[8]. In diesem Gesetz, für das es in der Bundesrepublik keine Parallele mit ähnlich programmatischem Gehalt gibt[9], kann man mit Recht eine Art Grundgesetz für die gesamte Kommunalreform sehen[10]. Sein wichtigster Inhalt ist eine recht genaue Zielvorgabe[11], wie aus den Textauszügen in Tafel 1 zu erkennen ist.

Tafel 1

Zielvorgaben für die Kommunalreform
(Auszüge aus dem GVRG)

§ 1 Zielsetzung

(1) Das Gebiet der Gemeinden und Landkreise ist . . . neu zu gliedern mit dem Ziel, größere, leistungsfähigere Verwaltungseinheiten zu schaffen, um das wirtschaftliche, soziale und kulturelle Leben der Bevölkerung entsprechend den Erfordernissen der modernen Industrie- und Leistungsgesellschaft nachhaltig zu fördern und zu sichern. Dabei sind die Erfordernisse der Raumordnung . . . zu berücksichtigen. Daneben sind überregionale Gesichtspunkte einer gemeinsamen Raumordnung in die Überlegungen mit einzubeziehen.

(2) Die Zuständigkeiten der öffentlichen Verwaltung sind gleichzeitig neu zu ordnen. Hierbei sind grundsätzlich die Einheit, die Einräumigkeit und die Ortsnähe der Verwaltung anzustreben.

§ 2 Neugliederung der Gemeinden und Landkreise

(1) Der Großraum Saarbrücken ist so neu zu gliedern, daß die Landeshauptstadt die wachsenden Aufgaben als Wirtschafts-, Verwaltungs- und Kulturzentrum des Landes erfüllen kann.

(2) Das Gebiet der Kreise ist so neu zu gliedern, daß sie . . . ihre überörtlichen öffentlichen Aufgaben erfüllen und dabei insbesondere ihrer Ausgleichsfunktion als übergemeindlicher Verwaltungs-, Wirtschafts- und Kulturträger gerecht werden können.

(3) Bei der Neugliederung der Gemeinden sind Einheitsgemeinden zu bilden. Sie sollen, um ihre Verwaltungskraft als Träger der öffentlichen Aufgaben der örtlichen Gemeinschaft voll einsetzen zu können, in der Regel mindestens 8 000, im Verdichtungsraum in der Regel mindestens 15 000 Einwohner haben. Durch die Bildung von Einheitsgemeinden darf die Entwicklung zentraler Orte nicht beeinträchtigt werden.

(4) . . .

§ 3 Ortsräte

Die Bildung von Ortsräten in Gemeinden zur Förderung der Teilnahme der Bürger an der Verwaltung wird durch Gesetz geregelt.

---

[8]) Gesetz Nr. 928, Amtsbl., S. 949.

[9]) Siehe dazu die Auszüge in Tafel 1.

[10]) Außer den in Tafel 1 erwähnten Zielvorgaben enthält es in seinen ingesamt 9 Paragraphen im wesentlichen nur noch Übergangsvorschriften für freiwillige Maßnahmen und für Besetzung der Bürgermeister-, Amtsvorsteher- und Beigeordnetenstellen bis zur endgültigen Reform.

[11]) Eine detaillierte Analyse bietet ENDRUWEIT, G.: Ziele und Erfolge der Kommunalreform. In: Saarländische Kommunal-Zeitschrift 1980, S. 236-241. Allgemein zu den Reformzielen in der Bundesrepublik: PAPPERMANN, E.: Maßstäbe für die Funktionalreform im Kreis. In: der landkreis, 8-9/1976, S. 295.

Systematisiert man diese gesetzgeberischen Handlungsvorgaben nach ihrem Verhältnis zueinander, erhält man ein dreistufiges Zielsystem. Einige Ziele sind mit Restriktionen versehen. Auf der obersten Ebene soll die Kommunalreform das wirtschaftliche, soziale und kulturelle Leben fördern und sichern, soweit sie damit den Erfordernissen der modernen Industrie- und Leistungsgesellschaft gerecht wird. Auf der mittleren Ebene steht einmal das allgemeinste Ziel der Gebietsreform, nämlich die Schaffung größerer, leistungsfähigerer Verwaltungseinheiten, wobei die Erfordernisse der Raumordnung, auch überregional, zu berücksichtigen sind; zum andern findet man hier den allgemeinsten Hinweis für die Verwaltungsreform, nämlich die Neuordnung der Zuständigkeiten der öffentlichen Verwaltung, bei der Einheit, Einräumigkeit und Ortsnähe der Verwaltung anzustreben sind. Auf der untersten Ebene schließlich findet man die Bestimmungen für die drei Kommunalkategorien, nämlich den Ballungsraum Saarbrücken (Erfüllung der Aufgaben als Wirtschafts-, Verwaltungs- und Kulturzentrum), die Kreise (Erfüllung der überörtlichen Aufgaben, insbesondere Ausgleichsfunktion als übergemeindlicher Verwaltungs-, Wirtschafts- und Kulturträger) und die Gemeinden (voller Einsatz der Verwaltungskraft, jedoch ohne Beeinträchtigung der Entwicklung zentraler Orte) sowie als viertes Ziel die Förderung der Bürgerpartizipation an der Verwaltung.

2.2 Planung der Reform

Das Kernstück in der Vorbereitung der Reform war ein Gutachten, das ein aufgrund von § 9 GVRG berufener Beirat erstattete. Dieser Beirat, später Arbeitsgruppe genannt, bestand aus dem ständigen Vertreter des Innenministers als Vorsitzendem, dem Chef der Staatskanzlei, dem Leiter der Landesplanung und drei Universitätsprofessoren. Er schaffte es, innerhalb eines knappen Jahres seinen Schlußbericht vorzulegen. In ihm ging er davon aus, daß die Zielvorgaben des GVRG ausreichend seien, um die Einzelvorschläge für die Territorialreform ausarbeiten zu können[12].

Als Zwischenglied, mit dem die Richtlinien des GVRG und die konkreten Vorschläge zur Neugliederung der Gemeinden und Kreise verbunden werden sollten, entwickelte die Arbeitsgruppe „Grundsätze", die gewissermaßen die gesetzlichen Ziele in Planungsparameter übersetzten. Tafel 2 gibt diese Grundsätze in der Zahl vollständig, aber in der Formulierung verkürzt wieder.

Die Einzelvorschläge der Arbeitsgruppe für die Neugliederung der Gemeinden und Kreise wurden von ihr selbst jeweils auf Einhaltung der Grundsätze überprüft. Wo Abweichungen festgestellt wurden, konnte zumeist eine zwingende Begründung gegeben werden. Aber die Grundsätze waren ohnehin nicht als Muß-Normen gefaßt, sondern gaben durch Formulierungen wie „soll" und „in der Regel" nur Richtwerte an, bei denen eine Abweichung aus wichtigem Anlaß immer zulässig ist.

Die Regierungsvorlage für das Neugliederungsgesetz[13] änderte zwar, zumeist aufgrund von Anhörungsverfahren während der Vorbereitungszeit, die Einzelvorschläge der Arbeitsgruppe in manchen Punkten; die Grundsätze gingen jedoch als Leitsätze der Reform unverändert in die Begründung ein.

---

[12]) Minister des Innern (Hrsg.): Die kommunale Neugliederung im Saarland. Schlußbericht der Arbeitsgruppe für die kommunale Gebiets- und die Verwaltungsreform im Saarland bei dem Minister des Innern, Saarbrücken 1972, S. 16.

[13]) Landtags-Drucksache 6/1279 vom 31. 8. 1973.

Tafel 2 *Grundsätze der Reformplanung*

1. Allgemeine Grundsätze

1.1 Neuordnung der Verwaltungseinheiten so, daß sie sowohl den sozialen, wirtschaftlichen und kulturellen Anforderungen wie auch den modernen administrativen Erfordernissen für mehrere Jahrzehnte genügen.

1.2 Keine neuartige und organisatorische Einheiten einführen, die in der Bundesrepublik unbekannt oder ohne Übernahmechance sind.

1.3 Auf Kreisebene Einheit der Verwaltung für Kataster-, Gesundheits-, Veterinär- und Schulämter anstreben, Einräumigkeit für Finanz- und Forstämter sowie Amtsgerichte.

1.4 Eine eventuelle Länderneugliederung ist zu berücksichtigen.

2. Grundsätze für die Gemeinden

2.1 Mindesteinwohnerzahl in ländlichen Gebieten i.d.R. 8 000.

2.2 Mindesteinwohnerzahl in Verdichtungsräumen i.d.R. 15 000.

2.3 Eine kreisangehörige Gemeinde soll nicht mehr als ein Drittel der Kreiseinwohner haben.

2.4 Gemeinden sollen mindestens die Finanzkraft für 20 hauptamtliche Verwaltungsbedienstete haben.

2.5 Maximalentfernung der Gemeindeverwaltung von der Gemeindegrenze 10 Straßenkilometer.

2.6 Verwaltungssitz wird der bestausgestattete, verkehrs- und entwicklungsgünstigste Ort, i.d.R. also der zentrale Ort.

2.7 Nahbereichs- und neue Gemeindegrenze sollen identisch sein; im Bereich von Selbstversorgungsorten und Mittelzentren sind städtebaulicher Zusammenhang und Entwicklungsmöglichkeiten zu berücksichtigen.

3. Grundsätze für die Landkreise

3.1 Mindesteinwohnerzahl für überwiegend ländliche Kreise i.d.R. 150 000.

3.2 Ein Landkreis soll 8 bis 15 Gemeinden umfassen.

3.3 Kreisgröße soll als Raum für eine Kreisentwicklungsplanung ausreichend sein.

3.4 Finanzielle und strukturelle Ausgleichsmöglichkeiten sollen bestehen.

3.5 Wahl des Verwaltungssitzes nach der Erreichbarkeit für die Bevölkerung unter Berücksichtigung der Ausstattung.

3.6 Maximalentfernung des Verwaltungssitzes vom Mittelpunkt einer kreisangehörigen Gemeinde i.d.R. 30 Straßenkilometer.

3.7 Das Kreisgebiet soll identisch sein mit dem Gebiet eines oder mehrerer Mittelzentren und ihrer Versorgungsbereiche.

Quelle: Minister des Innern: Schlußbericht, a.a.O., S. 17–28.

2.3 Durchführung der Reform

Unter Abweichung von der Regierungsvorlage in einigen Punkten wurde schließlich das Neugliederungsgesetz Ende 1973 mit Wirkung vom 1. 1. 1974 erlassen[14]. Es war das Kernstück der Gebietsreform.

Die Verwaltungsreform war zentraler Gegenstand des schon zwei Wochen zuvor beschlossenen Gesetzes über die Funktionalreform[15]. Dieses Gesetz verlagerte hauptsächlich Zuständigkeiten des Landes auf die Kreise und der Kreise auf die Gemeinden. Insgesamt waren davon Zuständigkeiten nach 36 Gesetzen und Verordnungen betroffen, so beispielsweise im Staatsangehörigkeits- und Personenstandswesen sowie auch im Straßenverkehrsrecht mit ihrem häufigen Zwang zu Ausweisausstellungen und -verlängerungen, aber auch in weniger wichtigen Bereichen, wie etwa in Regelungen über Lotterien und Brieftauben[16].

Das Reforminstrumentarium wurde durch weitere Gesetze vervollständigt[17], so daß die gesamte gesetzgeberische Kommunalreform in etwa einem Monat durchgeführt wurde. Bei dem Verfahren ist auffällig, daß die zuletzt genannten Gesetze, die überhaupt nur nach der Vergrößerung der Gemeinden sinnvoll waren, allesamt vor dem Neugliederungsgesetz beschlossen wurden. Das läßt vermuten, daß die Reform überhaupt sowie ihre allgemeine Tendenz unstreitig waren, daß aber anscheinend bis zum letzten Moment um einige praktische Einzelfragen der Territorialreform gerungen wurde.

Im Vergleich zu anderen Bundesländern ist damit die Kommunalreform im Saarland nicht nur in ungewöhnlichem Maße einheitlich geplant und durchgeführt worden, sondern sie ist auch in einem relativ kurzen Zeitraum und dazu auf einen Schlag verwirklicht worden.

3. Wirkungen der Reform

Die Untersuchung sollte einen ersten Überblick über die Wirkungen der Kommunalreform verschaffen. Dazu mußten zwei Ansätze gewählt werden. Einige Ergebnisse ließen sich aus dem Vergleich der Reformziele des GVRG und der Operationalisierungen in den Grundsätzen der Arbeitsgruppe einerseits und einigen allgemein zugänglichen Daten andererseits gewinnen. Für andere Aufschlüsse spezieller Art war man aber auf eigene Erhebungen angewiesen, für die exploratorische Untersuchungen in einigen Gemeinden unternommen wurden.

Bei einer näheren Untersuchung der Kommunalreform fällt sofort auf, daß das oberste Ziel des Gesetzgebers, die von § 1 GVRG vorgeschriebene Förderung und Sicherung des wirtschaftlichen, sozialen und kulturellen Lebens, nur noch in Grundsatz 1.1 wenig operabel erwähnt wird. Die günstigste Interpretation könnte in der Hoffnung bestehen, die Planungsbeteiligten seien überzeugt gewesen, durch ihre konkreten Maßnahmen zur Erreichung anderer Ziele werde das höchste Ziel irgendwie automatisch mitverwirklicht werden.

Im übrigen aber ist versucht worden, den gesetzgeberischen Zielvorgaben durch die Grundsätze der Arbeitsgruppe und deren Beachtung bei den einzelnen Umstrukturierungsmaßnahmen gerecht zu werden.

---

[14]) Gesetz Nr. 986 zur Neugliederung der Gemeinden und Landkreise des Saarlandes vom 19. Dezember 1973, Amtsbl., S. 852.

[15]) Gesetz Nr. 289 über die Funktionalreform vom 5. Dezember 1973, Amtsbl. 1974, S. 33.

[16]) Einzelaufstellung bei ENDRUWEIT, G.: Ziele . . ., a.a.O., S. 240.

[17]) Im wesentlichen: Gesetz Nr. 984 „Kommunalwahlgesetz – KWG –“ vom 13. Dezember 1973, Amtsbl., S. 841; Gesetz Nr. 985 zur Änderung des Kommunalselbstverwaltungsgesetzes vom 13. Dezember 1973, Amtsbl., S. 829.

3.1 Kreisreform

Bei der Kreisreform waren die Folgen sehr gering.

Territorial hat sich für die meisten Kreise nur wenig verändert. Die Gesamtzahl der Kreise einschließlich der kreisfreien Städte wurde durch Vereinigung der Kreise Homburg und St. Ingbert sowie die Einkreisung Saarbrückens von 8 auf 6 verringert, und im übrigen gab es nur kleinste Gebiets- und Bevölkerungsaustausche, wie Tafel 3 im Überblick zeigt.

Strukturanalytische Fragen im Zusammenhang mit Grundsatz 3.5 waren nur in zwei Fällen zu stellen, nämlich bei der Verlegung des Kreisverwaltungssitzes von Ottweiler nach Neunkirchen und bei der Entscheidung, welche der bisherigen Kreisstädte St. Ingbert und Homburg Verwaltungssitz für den neuen Saar-Pfalz-Kreis werden solle[18]. Im ersten Falle war die Entscheidung kriteriengerecht eindeutig zu fällen, im zweiten waren eher politische Zweckmäßigkeitserwägungen nicht zu vermeiden, weil die Grundsatzkriterien allein keine Entscheidung erlaubten.

Tafel 3 *Reform der Kreisstruktur*

Name		Fläche in qkm		Einwohner		Gemeinden	
1973	1974	1973	1974	1973	1974	1973	1974
Landeshauptstadt Saarbrücken (kreisfrei)	Stadtverband Saarbrücken	52,95	409,99	125 900	385 817	28	10
Landkreis Saarbrücken		334,14		263 700		13	
Landkreis Merzig-Wadern	dto.	550,65	554,69	102 300	102 311	85	7
Landkreis Saarlouis	dto.	440,80	458,79	206 500	212 541	55	11
Landkreis St. Wendel	dto.	483,81	476,00	92 900	91 676	75	8
Landkreis Ottweiler	Landkreis Neunkirchen	259,43	250,39	165 300	158 083	36	7
Landkreis Homburg	Saar-Pfalz-Kreis	238,60	417,69	80 100	155 617	26	7
Landkreis St. Ingbert		206,91		81 700		27	
Saarland		2 567,31	2 567,55	1 118 600	1 106 045	345	50

Quellen: Statistisches Jahrbuch für die Bundesrepublik Deutschland 1974, S. 40; Saarland, S.12, 15, 20, 23, 26, 29, 32-35; Landtags-Drucksache 6/1279, S. 226-237.

[18]) Grundsätzliches dazu bei LANGE, K.: Bestimmung eines neuen Kreissitzes. In: der landkreis, 7/1975, S. 228-232.

So sind insgesamt nur zwei wesentliche Wirkungen bei der Kreisterritorialreform eingetreten. Zum ersten wurden die kleinräumigen Strukturen im Osten des Landes beseitigt, die aus der früheren bayrischen Landeszugehörigkeit herrührte, während das übrige Saarland preußisch war; und zum anderen wurde die Zweiteilung des Saarbrücker Gebiets in eine kreisfreie Stadt und einen sie umgebenden Kragenkreis beseitigt, so daß der Stadtverbandspräsident nicht mehr wie zuvor der Landrat im „Ausland" residieren muß.

Die Gründung des Stadtverbandes war dann auch ein Verstoß gegen Grundsatz 1.2 (vgl. Tafel 2). Der Stadtverband sollte, wie die als Teil des KSVG erlassene Stadtverbandsordnung bestimmte, als „Gemeindeverband und Gebietskörperschaft" vor allem „ein der fortschreitenden Integration dienender Verband der benachbarten Gemeinden des Großraumes Saarbrücken" sein[19]. Schon in der Arbeitsgruppe war umstritten, wie der besonderen Lage Saarbrückens in der monozentrischen Struktur des Saarlandes Rechnung getragen werden könnte, ohne zugleich etwa die Mittelzentren Völklingen und St. Ingbert in ihrer Entwicklung zu behindern, was ja vom GVRG auch untersagt war. Dabei ging man jedoch bei den diskutierten Modellen stets von der Kreisfreiheit Saarbrückens aus[20].

Erst im Referentenentwurf kam der vor allem aus Teilen der CDU favorisierte Vorschlag der Stadtverbandslösung. Im Zusammenhang mit einem neuen Drei-Kreise-Modell war die Kreisfreiheit Saarbrückens zumindest potentiell in Frage gestellt worden. So wurden seit Anfang 1973 mehrere Verbandsmodelle diskutiert, die Saarbrücken zwar so etwas Ähnliches wie eine „Einkreisung" bringen, ihm aber gleichzeitig eine herausgehobene Stellung gegenüber den anderen Gemeinden des Stadtverbandes sichern sollten. Der Stadtverband erfüllte in der endgültig beschlossenen Form u.a. die sonst den Landkreisen obliegenden Auftragsangelegenheiten, er stellte in eigener Verantwortung die Flächennutzungspläne für die Gemeinden auf, er hatte aber – u.a. weil der Saarbrücker Oberbürgermeister untere staatliche Verwaltungsbehörde ist – nicht die Kommunalaufsicht, wie sie der Kreis gegenüber den Gemeinden hat. Es kann nicht verwundern, daß dieses Modell ein Prototyp blieb.

Der Grundsatz 1.2, daß Kreise mindestens 8 Gemeinden haben sollten, konnte in drei ländlichen Kreisen nicht verwirklicht werden.

Mit dem Grundsatz 1.3, der die GVRG-Ziele der Einheit und Einräumigkeit der Verwaltung konkretisierte, hatte man ebenfalls keinen großen Erfolg. Selbst eine Bekanntmachung der Landesregierung vom 4. November 1974, in der die Bezirke der unteren Landesbehörden angegeben wurden[21], wäre kartographisch eher dem vorreformatorischen Zustand ähnlich als dem mit der Gebietsreform für die Kommunalverwaltung erreichten. Lediglich bei Gesundheits-, Schul- und Veterinärämtern sind deren Gebiete mit einem Kreis identisch.

Für die Kreisgröße konnte die Mindesteinwohnerzahl von 150 000 (Grundsatz 3.1 in Tafel 2) in zwei Fällen nicht erreicht werden. Das wäre auch nur bei einem Modell mit weniger Kreisen oder bei einer Länderneugliederung durch Vereinigung mit rheinland-pfälzischen Gebieten gelungen (Grundsatz 1.4). Beide Möglichkeiten waren utopisch.

Die Einhaltung der Grundsätze 3.3 und 3.4 hängt davon ab, welche Ansprüche man an die Qualität der Elemente „Kreisentwicklungsplanung" und „Ausgleichsmöglichkeiten" stellt. Für die Chancen der Planungsimplementation sind nicht nur reine Quadratkilometer maßgebend, und die finanziellen Ausgleichsmöglichkeiten hängen von der Rechtslage beim interkommu-

---

[19]) Das „Standardwerk" zu diesem Thema ist die unveröffentlichte Trierer Magisterarbeit von WALKER, K.: Verlauf und Auswirkungen der kommunalen Gebietsreform im Saarland unter besonderer Berücksichtigung des Stadtverbandes Saarbrücken. Trier 1979.

[20]) War dafür etwa der Grundsatz 2.3 maßgebend? Und war die Geburt des Stadtverbandes etwa ein Versuch, Grundsatz 2.3 aufrechtzuerhalten und Saarbrücken trotzdem die Kreisfreiheit zu nehmen? Vgl. zu diesem Grundsatz auch WAGENER F.: „Übergewicht" einer kreisangehörigen Stadt im Landkreis. In: Archiv für Kommunalwissenschaften, 1976, S. 32/33 m.w.N.

[21]) Amtsbl., S. 951.

nalen Finanzausgleich ab und diese wiederum vom politisch Zumutbaren und Gewünschten. Überlegungen zur strukturellen Ausgleichsfähigkeit dagegen wirkten entscheidend bei den Diskussionen über den Zuschnitt des Saarbrücker Umlandes mit, um nur das wichtigste Beispiel zu erwähnen. Dagegen konnten strukturelle Ausgleichsmöglichkeiten in den Kreisen Merzig-Wadern und St. Wendel schwerlich eine größere Rolle spielen; denn wo strukturelle Differenzierungen fehlen, gibt es weder eine Möglichkeit zum noch Bedarf an Ausgleich. Der wäre nur in größerem Rahmen möglich; aber da die Nachbarkreise in sich bereits Ausgleichsmöglichkeiten besitzen, wäre eine großräumige Integration unter diesem Gesichtspunkt wenig sinnvoll gewesen.

Grundsatz 3.6, nach dem der Mittelpunkt keiner Gemeinde mehr als 30 Straßenkilometer von der Kreisverwaltung entfernt sein sollte, konnte selbst unter den extremen Bedingungen des Kreises Merzig beachtet werden. Dagegen mußten in einigen Fällen die Bereiche von Mittelzentren durch Kreisgrenzen getrennt werden (Grundsatz 3.7), so etwa in Wadern und Nonnweiler; indessen ist hier eine Kongruenz wohl auch nicht von höchster Priorität, weil die gegenseitige Beeinflussung beider Grenzarten nur sehr indirekt ist.

Funktional haben die Kreise von der Kommunalreform im wesentlichen nur durch Aufgabenentlastung profitiert. Das gilt jedenfalls für die Maßnahmen des Funktionalreformgesetzes; bei den dort erwähnten 36 Zuständigkeitsverschiebungen ist der Kreis nur achtmal als Empfänger neuer Aufgaben erwähnt, viel häufiger aber als abgebende Stelle.

3.2 Ergebnisse der Territorialreform für die Gemeindegröße

Die Gemeinden haben in der Gebietsreform die einschneidendsten Veränderungen erlebt. Durch die Erhebung der Einheitsgemeinde zum einzigen Organisationsprinzip mußte die Mindestgröße drastisch heraufgesetzt werden. Das hat das Saarland gründlicher als alle anderen Bundesländer gemacht. Tafel 4 faßt die deutlichsten Veränderungen zusammen. Dabei wurde nicht schematisch vergrößert, sondern im wesentlichen wurden nur kleinere Gemeinden zusammengelegt. Dadurch wurde erreicht, daß die jetzt an Fläche kleinste Gemeinde - Friedrichsthal mit 8,6 qkm - größer ist als zuvor der Durchschnitt aller Gemeinden. Im übrigen ist das Saarland nach der Reform das einzige Bundesland, das keine Gemeinde mit weniger als 5000 Einwohnern hat.

Tafel 4 *Veränderungen in der Gemeindestruktur durch die Gebietsreform*

	30. 6. 1973	30. 6. 1974
Zahl der Gemeinden	345	50
Kleinste Einwohnerzahl	23	6 349
Durchschnittliche Einwohnerzahl	3 242	22 238
Kleinste Fläche in qkm	0,62	8,60
Durchschnittliche Fläche in qkm	7,44	51,35
Zugehörigkeit zu Größenklassen		
a) über 60 000	1	1
b) 20 000 - 60 000	8	13
c) 10 000 - 20 000	6	26
d) 5 000 - 10 000	35	10
e) 1 000 - 5 000	150	0
f) unter 1 000	145	0

Quellen: Saarland, S. 5, 12-36; Statistisches Jahrbuch für die Bundesrepublik Deutschland 1974, S. 43; 1975, S. 57; Landtags-Drucksache 6/1279 vom 31. 8. 1973, S. 21, 164, 204.

Die Grundsätze 2.1 und 2.2 konnten damit im wesentlichen erreicht werden; nur fünf Gemeinden haben weniger als 8 000 Einwohner. Grundsatz 2.3 ist nur bei Saarbrücken und Neunkirchen durchbrochen.

Durch die Erfolge bei der Mindesteinwohnerzahl konnte auch Grundsatz 2.4, der eine Verwaltung mit wenigstens 20 hauptamtlichen Bediensteten verlangt, in der Regel verwirklicht werden. Die Maximalentfernung zum Verwaltungssitz, in Grundsatz 2.5 mit 10 Straßenkilometern angegeben, wurde zwar häufiger – interessanterweise durch die politischen Entscheidungen in der Schlußphase öfter als in den Vorschlägen der Arbeitsgruppe – überschritten; die Alternative war aber meistens nicht zweckmäßiger, wenngleich Bürger, die auf öffentliche Verkehrsmittel angewiesen sind, damit schon Unannehmlichkeiten haben können.

Damit scheint die Reform erfolgreich gewesen zu sein, soweit die äußeren Daten der Grundsätze betroffen sind, die eine Verbesserung der kommunalen Infrastruktur für administrative Zwecke zum Ziel hatten. Die mehr auf Schaffung besserer Grundlagen für die Entwicklungsplanung abzielenden Grundsätze sind anhand allgemeiner Daten schlechter zu überprüfen.

3.3 Funktionen der Gemeinden

Die Funktionalreform scheint die Gemeinden in ähnlicher Weise behandelt zu haben. Was durch das Funktionalreformgesetz auf die unterste Verwaltungsebene übertragen wurde, waren Aufgaben, die bisher von Staatsbehörden erledigt wurden, also Auftragsverwaltung. Im Bereich der Selbstverwaltung hat sich nichts geändert; die dafür maßgeblichen Vorschriften für die Zuständigkeiten der Gemeinde sind in den §§ 5 – 12 des neuen Kommunalselbstverwaltungsgesetzes wortgleich mit den §§ 5 – 12 der alten Gemeindeordnung.

3.4 Verflechtungsgrad der neuen Gemeinden

Um überhaupt einen unmittelbaren Eindruck von ersten Reformwirkungen auf Gemeindeebene zu erlangen und um diejenigen Gesichtspunkte in einem ersten Ansatz klären zu können, die nicht aus allgemein vorhandenen Daten abgeleitet werden können, wurden in sechs Gemeinden des Saarlandes Fallstudien durchgeführt. Sie wurden so ausgewählt, daß sie auf acht verschiedenen Dimensionen – Zahl der Eingemeindungen, Einwohnerzahl, Fläche, Einwohnerverteilung über die Ortsteile, Einwohnergewicht des Verwaltungssitzes, Wirtschaftsgewicht des Verwaltungssitzes, geographische Lage des Verwaltungssitzes, Pendlerverflechtung des Verwaltungssitzes mit den Ortsteilen – möglichst unterschiedliche Ausprägungen zeigten, so daß zu erwarten war, daß auch die Reformprobleme möglichst verschieden sind. Auf diese Weise wurden die Gemeinden Kleinblittersdorf, Merchweiler, St. Wendel, Schwalbach, Überherrn und Wallerfangen ausgewählt.

In diesen Gemeinden wurden zuerst Aspekte der Verflechtung der Ortsteile untersucht. Obwohl sie weder bei den Zielvorgaben noch bei den Grundsätzen ausdrücklich erwähnt wurden, sind die Verflechtungen der Ortsteile einerseits ein wichtiges Kriterium für die Erfüllung der Grundsätze 2.6 und 2.7, andererseits wohl auch ohne diese Vorgaben entweder Voraussetzung für den Erfolg der Territorialreform oder wenigstens ein wichtiges Element unter den notwendigen Konsequenzen der Reform. Wenn unter den Ortsteilen einer kommunalrechtlich zusammengefügten Gemeinde nichts von dem bestünde, was man Verflechtung[22] zu nennen pflegt, dann wäre der kommunalrechtliche Zusammenschluß eine administrative Verknüpfung, die keinerlei soziale, wirtschaftliche, kulturelle und sonstige Basis hätte und damit eine quasikoloniale Beziehung im nationalen Raum wäre.

---

[22]) Dazu näher: MÄDING, E.: Stichwort „Verflechtungen". In: Handwörterbuch der Raumforschung und Raumordnung. ARL: Bd. III, 2. Aufl., Hannover 1970, Sp. 3545/3546.

Unter den im einzelnen durchaus umstrittenen Elementen der Verflechtung ist selbst ein so flüchtiger Gesichtspunkt wie die historische Gemeinsamkeit in der saarländischen Kommunalreform wohl nicht ganz ohne Bedeutung. In die neue Gemeinde St. Wendel wurden u.a. sechs Gemeinden aus dem Ostertal eingegliedert, die erst 1947 von Rheinland-Pfalz an das Saarland abgegeben wurden. Da diese Gemeinden aber sowohl konfessionelle wie auch parteipolitische Gegensätze zum übrigen St. Wendel aufweisen und zudem auch verkehrstechnisch andere Verbindungen haben, ist schwer auszumachen, ob es nun wirklich geschichtliche Gegensätze sind, die zur Ablehnung der Eingemeindung bei manchen Bürgern und Lokalpolitikern führten und die auch bei der jetzt anstehenden Reformrevision zum Neuordnungsverlangen führen[23].

Wirtschaftsverflechtungen sind ein Element, das unmittelbar auf Grundsatz 2.7 verweist, der Identität von Gemeinde- und Nahbereichsgrenze anstrebt. Sieht man Pendlerströme als einen Aspekt der Wirtschaftsverflechtungen an, ist dieser Grundsatz in vielen Gemeinden nicht verwirklicht. Beispielsweise hat Überherrn bei 1 570 Arbeitsplätzen am Orte 2 865 Aus- und 409 Einpendler. Demgegenüber spielt das innergemeindliche Arbeitspendeln keine nennenswerte Rolle. Ähnlich wie bei dem Arbeitspendeln hat auch bei den Käuferströmen Saarlouis die beherrschende Stellung, gefolgt von Völklingen. Gleiche Verhältnisse herrschen in Wallerfangen, Merchweiler und Kleinblittersdorf. Für andere Aspekte der Wirtschaftsverflechtung, etwa Warenströme und Kapitalbeziehungen, dürften die überlokalen Abhängigkeiten noch stärker sein. Nahbereichsgrenzen sind in den Gemeinden also nur gewahrt, wenn sie sich auf die Küchenzettelökonomie beziehen; bereits bei Textilien werden sie mehr überschritten als beachtet - allerdings in einem Raum mit der doppelten Bevölkerungsdichte des Bundesgebietes kein sehr gravierender Umstand.

Bisher war in der Regel die politische Gemeinde auch optisch erkennbar. Kommunalrechtliche Gemeindegrenze und Bebauungsgrenze waren im Normalfall kongruent; nur in den Ballungsräumen mußten die Ortstafeln der Wahrnehmung nachhelfen, indem sie Trennungslinien zeigten. Die Kommunalreform hat den Ortstafeln eine neue Funktion gegeben: sie müssen als zusammengehörig erklären, was niemand aufgrund seiner Anschauung für zusammengehörig halten würde. Der bestehende oder herstellbare bauliche Zusammenhang könnte damit ein weiterer Verflechtungsgesichtspunkt sein, wie er am Ende von Grundsatz 2.7 für Selbstversorgungsorte und Mittelzentren gefordert wurde. Auch hierin hatten die Untersuchungsgemeinden keine hohen Verflechtungsgrade aufzuweisen. Selbst in Merchweiler, dessen zwei Ortsteile schon seit Beginn des 19. Jahrhunderts für 120 Jahre zu derselben Mairie bzw. zum selben preußischen Amt gehört hatten, ist kein derartiger Zusammenhang festzustellen. Hier wie auch in Schwalbach wäre ein planerischer Zentrumsaufbau auch vermessen, für Überherrn, Kleinblittersdorf und Wallerfangen gälte das erst recht. Es muß wohl dabei bleiben, daß die Gemeinde nun nicht mehr die erkennbare Stadt oder das sichtbare Dorf mit dem jeweiligen Umland ist, sondern eine Flächenkommune aus mehreren Siedlungen mit dazwischen liegenden Freiflächen.

Am deutlichsten zeigt sich der beherrschende Zug der Kommunalreform als Verwaltungsbehördenreform wohl bei den Verkehrsverbindungen. Wenn aus mehreren Dörfern durch organisches Zusammenwachsen eine Mittelstadt wird, entwickelt der öffentliche Personennahverkehr in aller Regel auch innerörtliche Züge. So etwas ist z.B. bei Schwalbach nicht festzustellen und in den anderen Gemeinden erst recht nicht. Es ist offensichtlich auch kein Bedarf dafür; der Versuch eines Ringverkehrs in St. Wendel wurde mangels Nachfrage abgebrochen. Die Ortsteile führen weiterhin das Leben, das sie auch als selbständige Gemeinde führten. Der nunmehr „innergemeindliche“ Verkehr behält die alten Muster des früheren überörtlichen Arbeitspendlerverkehrs.

[23]) Vgl. die Artikelserie von A. SCHÖN in der Saarbrücker Zeitung vom 12. 8. 1980 ff.

Im Hinblick auf die Schulverbindungen hat nur St.Wendel einen eindeutigen Zentralcharakter. Das andere Extrem ist Überherrn, das keine weiterführende Schule besitzt, so daß alle diesbezüglichen Verflechtungen über die Gemeindegrenze hinausführen.

3.5 Verwaltungskraft der neuen Gemeinden durch personelle Verbesserungen

Voller Einsatz der Verwaltungskraft war nach dem GVRG das beherrschende Ziel für die Gemeindereform. Es ist in Grundsatz 2.4 nur sehr oberflächlich operationalisiert. Ähnlich wie „Verflechtung" ist auch „Verwaltungskraft" ein Bündelungsbegriff, der viele - im einzelnen wieder diskutierbare - Faktoren zusammenfaßt[24].

Sieht man das Personal als wichtigsten Faktor der Verwaltungskraft an, so hat die Reform den Gemeinden insgesamt keinen reformtypischen quantitativen Zuwachs gebracht. Die Zunahme der Planstellen für Gemeindepersonal im ganzen Saarland von 1968 bis 1974 um 10 Prozent[25] wäre aller Wahrscheinlichkeit nach auch ohne Kommunalreform eingetreten[26]. Allerdings zeigt eine genauere Analyse, daß die höher bezahlten Stellen weit überproportional zu- und die unteren Besoldungs- und Vergütungsgruppen sogar abgenommen haben, so daß eine qualitative Stärkung der Verwaltungskraft bewirkt worden sein könnte, falls es sich nicht um eine der schleichenden Besoldungserhöhungen im öffentlichen Dienst durch Höhergruppierung derselben Personen in denselben Funktionen gehandelt hat. Ein Vergleich der größeren mit den kleineren Gemeinden deutet eher auf die zweite Alternative[27]. Immerhin ist festzuhalten, daß der Aufgabenzuwachs für die Gemeinden - gemeinhin als entscheidender Auslöser für Personalvergrößerung angesehen[28] -, den die Funktionalreform brachte, keineswegs zu einer sofortigen Stellenvermehrung führte. Daraus kann allerdings nicht geschlossen werden, daß die Gemeinden alle neuen Aufgaben ohne weiteres mit den vorhandenen oder den wenigen - oft nur zwei - neuen Planstellen bewältigen konnten. Vielmehr wurden manche neuen Aufgaben ganz schlicht überhaupt nicht erfüllt; das gilt z.B. für die Preisüberwachung, wie der Wirtschaftsminister im März 1976 feststellen mußte, als er die Einhaltung einer fachlichen Weisung vom 11. 4. 1975 überprüfte, mit der den Gemeinden Näheres über das neue Betätigungsfeld mitgeteilt wurde.

Auch durch qualifikatorische Maßnahmen ist die Verwaltungskraft nicht gestärkt worden. Die Reform sah keinerlei Maßnahmen vor, um das Gemeindepersonal durch Fort- und Weiterbildung auf die neuen Funktionen vorzubereiten. Dementsprechend geschah auch nichts Systematisches. Während in einigen Gemeinden auf persönliche Initiative der Sachgebietsleiter in den Kreis- und Gemeindeverwaltungen wenigstens notdürftige Einweisungen stattfanden, erhielt man in anderen Gemeinden nicht einmal rechtzeitig die notwendigen Gesetzes- und Verordnungstexte. Allerdings ist in manchen angeblich neuen Zuständigkeiten, etwa beim Ordnungsamt, in Wahrheit nur wenig mehr als die Zeichnungsbefugnis verlagert worden. In diesen Angelegenheiten haben auch früher die Gemeindebeamten oft schon die gesamte Vorprüfung erledigt und „dem Landrat" den unterschriftsreifen Vorgang vorgelegt. Hier hat also keine echte Reform stattgefunden, so daß keine Neuqualifikation erforderlich war. Andererseits gibt es nach einer Untersuchung keine saarländische Gemeinde, die weniger als fünf Prozent der Wohngeldbescheide falsch macht[29].

---

[24]) Dazu auch MÄDING, E.: Verwaltungskraft. In: die Öffentliche Verwaltung, 1967, S. 326–328.

[25]) ENDRUWEIT, G.: Personaleffekte . . ., a.a.O., S. 304.

[26]) Vgl. die Zahlen für die Jahre 1961-1969 bei LENZ, D., S. 670, Tab. 1.

[27]) Vgl. ENDRUWEIT, G.: Personaleffekte . . ., a.a.O., S. 305 / 306.

[28]) Vgl. LENZ, D., S. 672.

[29]) LENK, A.: Der Bürgermeister heißt jetzt Ortsvorsteher . . . In: Südwest-Magazin 12 / 1978, S. 14 m.w.N.

Im personellen Bereich ist die Stärkung der Verwaltungskraft durch die Reform damit nur eine Chance, und zwar in zweierlei Hinsicht. Einmal könnte der günstigere Stellenkegel in den größeren Verwaltungseinheiten zur Einstellung qualifizierteren Personals führen[30]. Zum anderen bieten die größeren Behörden die Möglichkeit, durch organisatorische Maßnahmen, wie Arbeitsteilung, Spezialisierung, Vertretungsregelung usw., die Qualität der öffentlichen Dienstleistungen zu verbessern[31]. Die zweite Gelegenheit wird nach Auskunft der befragten Gemeinden zunehmend genutzt.

3.6 Verwaltungskraft der neuen Gemeinden als Planungseinheiten

Eindeutig gestärkt sind die Gemeinden durch die Territorialreform in ihrer finanziellen Situation. Zwar ist insgesamt die Summe der Mittel nicht verändert, aber auf die einzelne Einheit entfällt für jeden Titel ein höherer Betrag. Da die altmodische Kameralistik der langfristigen Finanzplanung immer noch unnötige Hindernisse entgegenstellt, können nach der Reform größere Projekte leichter verwirklicht werden als vorher.

Die Vergrößerung der Gemeindegebiete ist auch eine bessere Grundlage für eine differenziertere und größer angelegte Bauleitplanung, die nach dem Bundesbaugesetz eines der wichtigsten selbstverwalteten Gemeinderegalien ist. Sie ist auch gesamtgesellschaftlich wichtiger geworden. Denn wenn ein Kreis jetzt nur noch aus sieben oder zehn Gemeinden besteht, kann man nicht mehr behaupten, die kommunale Flächenplanung könne „für sich nicht mehr raumordnerisch wirksam sein, weil sich der Verwaltungsbereich, auf den sich die Zuständigkeit des Trägers der Bauleitplanung beschränkt, und eigenständiger, sinnvoll zu 'verplanender' Lebens- und Wirtschaftsraum nicht mehr decken“[32].

Damit ist aber nicht gewährleistet, daß die Gemeinden neuen Zuschnitts auch für diese Aufgabe qualifiziert sind. Immerhin traut man die sicherlich nicht anspruchsvollere Bauaufsicht erst einer Gemeinde mit 60 000 bis 90 000 Einwohnern zu[33]. Allerdings müßte nicht ohne weiteres die Unfähigkeit zur Unterhaltung eines gemeindlichen Planungsbüros zur Unzuständigkeit der Gemeinde für diese Aufgabe führen. Da es viele Planungsbüros der freien Wirtschaft gibt, könnten die Gemeinden sich dort Entwürfe ausarbeiten lassen, weil es keine Regel gibt, nach der Gemeinden für alle ihre Verrichtungen autark sein müssen. Und eine Gemeinde, die das Mindestmaß von 20 hauptamtlichen Bediensteten nicht sehr wesentlich überschreitet, kann sich mit Sicherheit keinen eigenen Planungsstab leisten. Nun ist aber diese Gemeindeplanung keine langfristige Planung. Üblicherweise geht man für den Flächennutzungsplan von einer Geltung von zehn Jahren, für den Bebauungsplan, der zumeist nur für kleine Gemeindeteile gilt, von einer Geltung von fünf Jahren aus. Die Bauleitplanung ist damit eine Daueraufgabe, und Daueraufgaben auf private Träger abzuschieben, ist selbst dann eine zweifelhafte Problemlösung, wenn es nur um Entwürfe gehen soll. Bei hoher Planungskomplexität können die Entwerfer zu leicht zu den materiell Entscheidenden werden, wenn die formell Entscheidenden eine deutlich geringere Fachqualifikation haben als die Entwerfer.

Völlig verfehlt wäre aber eine totale Verstaatlichung der Bauleitplanung. Sie würde die Gemeinde zum staatlichen Lager verkommmen lassen. Gerade in einem Lande wie dem Saarland, das keine Mittelinstanzen kennt, wäre eine Art von interkommunalen Planvor-

---

[30]) ENDRUWEIT, G.: Personaleffekte . . ., a.a.O., S. 306.

[31]) Vgl. MÄDING, E.: Verwaltungskraft . . ., a.a.O., S. 327.

[32]) So für 1967 noch mit einigem Recht KLOTZ, E.: Zuständigkeit der kommunalen Selbstverwaltungskörperschaften in der Regionalplanung. In: Die Öffentliche Verwaltung, 1967, S. 184/185.

[33]) PAPPERMANN, E.: a.a.O., S. 301.

bereitungsinstanzen ein möglicher Ausweg, der die Entscheidungsgewalt der Gemeinden erhielte und die Planaufstellung unter öffentliche Kontrolle brächte. Im Saarland könnten die Kreisplanungsstellen, die bei jedem Landratsamt eingerichtet sind, einen Grundstock für diese Funktionen bilden.

Die sechs Untersuchungsgemeinden zeigten übrigens übereinstimmend, daß in den ersten Jahren nach der Reform die neuen Chancen nirgends zu großen Neuorientierungen benutzt wurden. Mag es an politischer Vorsicht oder an der wirtschaftlichen Baisse gelegen haben: im neuen größeren Planungsraum wurden keine neuen Akzente gesetzt, sondern im wesentlichen die bisherigen Investitions- und Entwicklungspraktiken in gleicher Proportion fortgesetzt; auch wenn die Flächennutzungsplanung jetzt so gut wie überall in Angriff genommen wurde, scheint die Zeit gerade nicht geeignet zu sein für eine entschiedene Zentralitätsplanung.

3.7 Bürgerpartizipation in den neuen Gemeinden

Nach § 3 GVRG (siehe Tafel 1) war die Förderung der Teilnahme der Bürger an der Verwaltung eines der Reformziele. Seine legislative Festlegung gibt ihm einen hohen Rang. Aber offensichtlich hat der Gesetzgeber selbst nur einen Teilaspekt im Auge gehabt. Denn zusammen mit der Nennung des Ziels werden auch Instrumente angeführt, und die sind dürftig: nur die Bildung von Ortsräten. Als weiteres Mittel zur Partizipationsförderung schrieb § 20 KSVG die Unterrichtung der Einwohner „über wichtige Gemeindeangelegenheiten in geeigneter Form" vor, woraufhin die meisten Gemeinden ein gemeindliches Mitteilungsblatt herausgeben, was allerdings öfter auch vorher schon freiwillig geschah.

Das verrät nicht gerade besonderen Einsatz für ein der Demokratie doch besonders angemessenes Ziel. Erst recht gilt das, wenn man sich vergegenwärtigt, wie die Gebietsreform die Chancen zu aktiver Teilnahme verringerte, indem sie die Gemeinderatssitze dezimierte. Zwar hat die Kommunalreform für jede Gemeindegrößenklasse die Ratssitze erhöht. Hatten zuvor Gemeinden bis 10 000 Einwohner je nach Größe 5 bis 23 Mandate zu vergeben, so sind es jetzt 27; und auch in den darüber liegenden Größenklassen wurde die Sitzzahl um 6 bis 14 erhöht. Durch die Reduzierung der Gemeindenzahl wurde diese Wirkung aber mehr als aufgehoben. So hat – um einige Extremfälle zu nennen – St. Wendel jetzt 39 Stadträte auf einem Gebiet, für das früher 186 Gemeindevertreter sorgten; in Eppelborn verringerte sich die Zahl von 181 auf 33, in Blieskastel von 175 auf 39, in Wadern von 173 auf 33. Lediglich Orte ohne Eingemeindungen, wie Dillingen und Sulzbach, hatten ein vergleichsweise geringes Anwachsen der Mandatsträgerzahl. Insgesamt hat sich in 31 befragten Gemeinden die Zahl der Gemeindevertreter durch die Reform um über 60 Prozent verringert.

Dem sollte die Bildung von Ortsräten wohl ein gewisses – nur politisch-argumentatives oder auch reales? – Gegengewicht verschaffen. Sie war also von vornherein kein Plus an Bürgerpartizipation, sondern nur ein Versuch zur Entschädigung für den Verlust an Partizipationschancen (wobei dahingestellt bleiben muß, ob viele Sitze mit wenig Macht ein Mehr gegenüber weniger Sitzen mit evtl. mehr Macht sind). Dieser Versuch ist im ersten Anlauf offensichtlich mißlungen. Denn die seit der Reform novellierten Vorschriften des KSVG hatten zum großen Teil die Ortsratsstruktur zum Gegenstand, und die Novellierungen stärkten die Stellung der subkommunalen Organe[34]. Hier begann eine Entwicklung, die durchaus beabsichtigte Reformwirkungen aufzuheben droht. Offensichtlich war die in der Kommunalpolitik wie in der Sportförderung prinzipielle Frage, ob Breitenarbeit oder Spitzenleistungen das oberste Ziel seien, aus Anlaß der Reform nicht hinreichend geklärt worden, so daß sie nach der Augenblicksopportunität geändert wird.

---

[34]) Vgl. Landtags-Drucksache 7 / 1151.

4. Weitere Folgen der Reform

Die Untersuchung, über die hier ohnehin nur ausschnitthaft berichtet werden konnte, war nicht geeignet, eine echte Evaluation der Kommunalreform zu sein. Einmal konnte sie nur erste mögliche Dauerwirkungen erfassen, weil sie sehr nahe am Zeitpunkt der Umgestaltung lag. Zweitens war ihr Erfassungsbereich zu klein, um für irgendetwas repräsentativ zu sein. Sie war ohnehin nur als Erkundungsstudie gedacht, die weitere Forschung anregen soll. Zu diesem Zweck sollen die folgenden abschließenden Ausführungen ein paar Beispiele bieten.

4.1 Kreisreform

Vergleicht man in Tafel 5 die Veränderungen der saarländischen Kreisstruktur mit den Daten der übrigen Bundesrepublik, so zeigt sich, daß im Saarland relativ wenig verändert wurde. Bei der Einwohnerzahl war das auch nicht nötig, da die alten und die neuen Werte über dem Bundesdurchschnitt liegen. Bei der extremen Bevölkerungsdichte des Saarlandes ist jedoch das durchschnittliche Kreisgebiet mit 429 qkm weit unter dem Bundesdurchschnitt von 1 004 qkm geblieben[35]. Für eine Entwicklungsplanung, noch dazu eine zur Erfüllung von Ausgleichsfunktionen, ist jedoch die Fläche planerisch kaum weniger wichtig als die Einwohnerzahl. Das wird schon aus einigen Beispielen für die Kreiszuständigkeit klar: „Nahverkehrsflugplätze, . . . Naturparke, Erholungsgebiete, überörtliche Wasserwirtschaft, Wirtschaftsförderung und überörtliche Bodenvorratswirtschaft . . ., Anlagen für Abwässerklärung und Wasserversorgung, Müllbeseitigung, . . . Überwachung von Luftverschmutzung, . . . Ausbau einer zentralörtlichen Gliederung“[36]. Da im Saarland die Kreise echte Planungsträger sein sollen (in Baden-Württemberg durften sie dagegen nach § 33 des Landesplanungsgesetzes in Entwicklungsprogrammen nur unverbindliche Prioritäten setzen; und diese Vorschrift wurde am 11. 7. 1979 ersatzlos gestrichen, so daß die eigentliche Planung nur von den Regionalverbänden oberhalb der Kreisebene getragen wird), müßte beobachtet werden, inwieweit aus der geringen Fläche evtl. Hindernisse erwachsen.

Tafel 5 *Veränderungen von Zahl und Einwohnerdurchschnitt der Landkreise durch die Kommunalreform*

Land	Zahl der Landkreise 30. 6. 1964	Zahl der Landkreise 1976	Durchschnittliche Einwohnerzahl der Landkreise 30. 6. 1964	Durchschnittliche Einwohnerzahl der Landkreise 1976
Baden-Württemberg	63	35	102 000	211 000
Bayern	143	71	45 000	103 000
Hessen	39	20	87 000	197 000
Niedersachsen	60	32	82 000	184 000
Nordrhein-Westfalen	57	31	146 000	292 000
Rheinland-Pfalz	39	24	68 000	110 000
Saarland	7	6	140 000	180 000
Schleswig-Holstein	17	11	101 000	173 000
Bundesrepublik	425	230	82 000	177 000

Quelle: WAGENER, F.: Verwaltung, S. 104 m.w.N., und WAGENER, F.: Übergewicht, S. 28.
Da die Zahlen für 1976 für Niedersachsen noch Planungsziele enthalten, gibt es gegenüber dem späteren Zustand (1978: 235 Landkreise in der Bundesrepublik Deutschland) noch Abweichungen.

---

[35]) Die Zahlen wurden berechnet nach den Ausgangswerten im Statistischen Jahrbuch für die Bundesrepublik Deutschland 1980, S. 51 und 55.

[36]) WAGENER, F.: Verwaltung . . ., a.a.O., S. 104 und 107.

Da in den meisten Kreisen so gut wie nichts an Fläche und Einwohnerzahl geändert wurde, andererseits aber zwei Kreise zum Saar-Pfalz-Kreis vereinigt wurden, und da nirgends Kreispersonal an die Gemeinden abgetreten wurde, ergäbe sich eine quasi-experimentelle Anordnung für die Untersuchung von Effekten der Kreisreform. Hat die Zusammenlegung der Kreise Homburg und St. Ingbert die Personalkosten gesenkt oder den Output verbessert? Welche Wirkung hat überhaupt die Funktionalreform mit der Entlastung der Kreise als Gegenwert erreicht?

4.2 Gemeindereform

Für die Gemeinden hat die Territorialreform zu einer erheblichen durchschnittlichen Vergrößerung nach Einwohnerzahl und Fläche geführt. Sie ist relativ größer ausgefallen als bei den Kreisen, und zwar besonders im Saarland.

Damit wäre näher zu überprüfen, ob nicht die Funktionsunterschiede zwischen Kreis und Gemeinde – „Die primäre Aufgabe der Gemeinde war und ist die Verwaltung und Versorgung der örtlichen Gemeinschaft. Die Hauptaufgabe des Kreises ist es, einen möglichst gleichmäßigen Standard öffentlicher Versorgung und Verwaltung für eine zahlreiche Siedlungseinheiten umfassende Fläche zu gewährleisten“[37] – teilweise verwischt wurden; für die Gemeinde ist eben lokale Selbstbestimmung und damit ggf. bewußte Differenzierung gegenüber den Nachbargemeinden typisch und damit die geographisch engere Begrenzung und überschaubarere Einwohnerzahl zweckmäßig, während der Kreis für seine Ausgleichsaufgaben den weiten Raum und die große Einwohnerzahl braucht.

So günstig der neue Größenzuschnitt für die Bauleitplanung und die Finanzierung einer effizienteren Verwaltung sein mag, so fraglich muß er für soziale Funktionen der Gemeinde im politischen Sinne sein. Wenn im Bundestag gesagt wurde, „wo der mündige Bürger am unmittelbarsten an der Gestaltung der öffentlichen Belange mitwirken kann, entwickelt sich am besten jener demokratische Bürgersinn, ohne den auch in den staatlichen Bereichen des Bundes und der Länder Demokratie nicht gedeihen kann“[38], dann kann dabei schwerlich uneingeschränkt jede neue Großkommune gemeint sein. Nach der Kommunalreform sind manche der ausnahmslos kreiszugehörigen Gemeinden im Saarland dreimal flächengrößer als der Durchschnitt der kreisfreien Städte in Bayern vor der Reform. Damit korrespondieren auch höhere Einwohnerzahlen in Siedlungen, in die mancher „Mitbürger“ nur per Zufall einmal im Leben kommt. Sollen in solchen Einheiten „die wesentlichsten örtlichen Aufgaben – vollklassige Schulen, Kindergärten . . . , Gemeindestraßen, Wasserversorgung, Kanalisation, Friedhöfe und Bauleitplanung – überall ohne Hilfsorganisationen, Fremdberatung und/ oder gar Selbsteintritt höherer Einheiten erfüllt werden“[39], dann ist das nicht nur in der Exekutive, sondern auch in der Legislative lediglich mit weiterer Professionalisierung möglich. Das mag zwar neue Interessentenreservoire für die Kommunalpolitik erschließen; es werden aber andere sein als diejenigen, die diese Entwicklung möglicherweise verschließt. Vielleicht ist das nur eine Fortsetzung des Trends, der sich in den Großstädten schon als unvermeidlich erwiesen hat; aber die Kommunalreform hat ihn auf dem Lande beschleunigt.

Wahrscheinlich war das gar nicht die Absicht der Reformer. Was sich unter administrativen und landesplanerischen Gesichtspunkten als funktional erwies, kann eben auf anderen Gebieten Nebenwirkungen, latente Funktionen haben. Für die Verwaltungseffizienz mußte etwas getan

[37]) Ebenda, S. 106.

[38]) Abg. Dr. Wendig am 24. 11. 1977 (Das Parlament vom 3. 12. 1977, S. 7).

[39]) Wagener, F.: Verwaltung . . ., a.a.O., S. 114.

werden. Wenn nach Angaben im Bundestag „etwa 85 Prozent aller Rechtsvorschriften, die der Bund erläßt, . . . von den Gemeinden ausgeführt" werden, dann konnte auch eine auf Gesetzesexekution fixierte Funktionalreform nicht ohne Schwierigkeiten mehr tun als „die Gemeinden degenerieren zu Nebenbetrieben des Staates"[40].

Für die Gemeindesoziologen, aber auch für die Innenpolitiker, wird eine der wichtigsten Aufgaben der nächsten Jahre sein zu beobachten, ob die Gemeinde im rechtlich-politischen Sinne und die Gemeinde im soziologischen Sinne sich auseinanderentwickeln oder nicht. Das Zunehmen von Bürgerinitiativen scheint für die erste Alternative zu sprechen. Dabei die „Bürgerinitiativen schlicht eine Ergänzung unserer parlamentarischen Demokratie auf allen Ebenen" zu nennen, „vor allem dann, wenn wir uns auf die repräsentative Demokratie beschränken wollen"[41], ist wohl verfehlt; denn diese Bewegungen sind eher Ergänzungen des Lobbyismus, da sie gerade in der Regel nicht repräsentativ sind. Aber sie könnten die Keimzelle für eine soziale Wiederbelebung der Gemeinde in ihren alten Grenzen sein. Das würde aber die Gefahr bringen, Gegenmacht zur politischen Gemeinde zu konstituieren - und damit wäre der sozial-politische Konflikt programmiert, der sicherlich nicht stabilitätsfördernd wäre.

4.3 Kommunalreform insgesamt

Die Vermutungen über Wirkungen der Reform auf Gemeindeebene führen zu einem ganz allgemeinen Aspekt. Empirisch drückt er sich in den extremen Widerprüchen bei Stellungnahmen zum Ergebnis der Kommunalreform aus. In den untersuchten Gemeinden im Saarland und in Ministerien mehrerer Bundesländer äußerten sich Beamte und Politiker, Täter und „Opfer" der Reform, fast ausnahmslos positiv über die Wirkungen. Bei anderen, und zwar nicht nur bei abgehalfterten politischen Lokalmatadoren, sondern bei manchen Bürgern, aber auch bei Beamten und Politikern[42], wird jedoch weiterhin nicht mit Kritik gespart. Abgesehen von einigen wenigen deutlichen Fehlleistungen (Musterbeispiel: Stadt Lahn) liegt der Widerspruch offensichtlich darin begründet, daß die Betrachter Verschiedenes im Auge haben.

Daraus folgt die generellste Hypothese: Die manifesten Funktionen der Kommunalreform sind - von einigen, in der Regel unvermeidbaren, Ausnahmen abgesehen - ein voller Erfolg der Planung; unter den latenten Funktionen gibt es jedoch mehr, als bei einem so wichtigen und einschneidenden Planungs- und Entwicklungsvorhaben unumgänglich sind, und manche von ihnen wären wohl als dysfunktional nicht in Kauf genommen worden, hätte man sie rechtzeitig erkannt.

---

[40]) Beide Zitate von Abg. DR. WAFFENSCHMIDT (Das Parlament vom 3. 12. 1977, S. 1 und 2).

[41]) Abg. DR. SCHMITT-VOCKENHAUSEN (Das Parlament vom 3. 12. 1977, S. 3).

[42]) Vgl. dazu die Bundestagsdebatte in: Das Parlament vom 3. 12. 1977, 58. Sitzung des 8. Deutschen Bundestages am 24. 11. 1977.

Zur Problematik der raumordnungspolitischen Steuerung von Einkaufszentren und Verbrauchermärkten

von

Günter Strassert, Karlsruhe

Gliederung

1. Vorbemerkung

Dieser Beitrag hat zwei Aufgaben: Zum einen soll er eine knappe Zusammenfassung des Kernstücks einer vergleichenden Studie geben, die von der Landesarbeitsgemeinschaft Hessen/Rheinland-Pfalz/Saarland unter der Leitung von Professor FRIEDRICH GUNKEL (†) angeregt, von der Akademie finanziert, unter meiner Leitung von den Herren Assessor WOLFGANG BERNHARDT, Dipl.-Volkswirt ALFONS HUWE, Dr. phil. WOLFRAM SCHMITTEL und Dipl.-Soziologe DETLEV STRÄTER erarbeitet und als Nr. 19 der ARL-Reihe Arbeitsmaterial im Jahre 1979 veröffentlicht wurde. Zum anderen wird auf dieser Grundlage der Versuch unternommen, im Hinblick auf die raumordnungspolitischen (landesplanerischen) Steuerungsmöglichkeiten der Ansiedlung von Einkaufszentren und Verbrauchermärkten Schwachstellen aufzuzeigen und zu pointieren, um so der Diskussion um mögliche rechtliche und organisatorische Konsequenzen weitere Nahrung zu geben.

Als Basis der Argumentation dient im folgenden die abrißartige Beschreibung der Entscheidungsabläufe und Konfliktgeschichten der Ansiedlung der MASSA-Verbrauchermärkte[1] in Hockenheim (Nordbaden) und Lollar (Mittelhessen) sowie des Wasgau-Einkaufszentrums[2] in Rohrbach (Südpfalz).

Die Untersuchung der beiden Verbrauchermärkte in Hockenheim und Lollar bot sich an, weil sie zu den konfliktreichsten Fällen gerechnet werden können und somit reiches Anschauungsmaterial liefern. Das Einkaufszentrum in Rohrbach wurde stellvertretend für weniger spektakuläre, aber ähnlich symptomatische Ansiedlungsfälle als dritte Fallstudie gewählt.

2. Entscheidungsabläufe und Konfliktgeschichten im Abriß: drei Fallstudien

2.1 Das Wasgau-Einkaufszentrum

(1) Der Gemeinderat von Rohrbach beschließt im Oktober 1969 die Änderung des Bebauungsplans für ein Industriegebiet und die Ausweisung eines Sondernutzungsgebiets gemäß § 11 BauNVO. Nach der Anhörung der Träger öffentlicher Belange, an der sich nur das Straßenbauamt Speyer und das Wasserwirtschaftsamt Neustadt beteiligen, und nach der Genehmigung des Planentwurfs durch das Regierungspräsidium Neustadt wird der geänderte Bebauungsplan im Februar 1970 als Satzung beschlossen.

Anlaß zu diesem Verfahren hatte ein Möbelgroßhändler gegeben, der seit Anfang 1968 20 000 qm Land von der Gemeinde erworben hatte, um eine Betriebsstätte sowie eine Ausstellungshalle zu errichten, dessen Gespräche mit potentiellen Teilhabern aber dann zu einem Einkaufszentrum-Projekt geführt hatten. Ende Januar 1970 wird die Firma Wasgau-Einkaufs-Zentrum GmbH, bestehend aus dem Möbelgroßhändler, einem Textileinzelhändler und einer Milchhandelsgesellschaft, gegründet.

---

[1]) Verbrauchermärkte sind „Einzelhandelsbetriebe, die auf weiträumiger Verkaufsfläche (mindestens 1 000 qm) ein warenhausähnliches Sortiment einschließlich Nahrungs- und Genußmittel vorwiegend in Selbstbedienung anbieten". CRONE-ERDMANN, H.-G.; RINDERMANN, R.: Einkaufszentrum und Verbrauchermarkt. Leitfaden für Planer. Hrsg. vom Deutschen Industrie- und Handelstag, Bonn 1975, S. 8.

[2]) „Unter Einkaufszentrum versteht man die gewachsene oder aufgrund einer Planung entstandene räumliche Konzentration von Einzelhandels- und Dienstleistungsbetrieben verschiedener Art und Größe". (Ebda, S.9).

(2) Mitte Februar überträgt der Möbelgroßhändler aus finanziellen Gründen seine Grundstückskaufverträge auf den Textileinzelhändler. Zuvor hatte er jedoch ein ca. 10 ar großes Grundstück, das mitten im Gelände des geplanten WEZ liegt, auf einen Dritten (eine befreundete Frau) übertragen. Die Grundstückserwerberin verkauft das Areal an eine Firma, die in ca. 10 km Entfernung einen Verbrauchermarkt betreibt. Die Gemeinde Rohrbach schreibt an den Gemeindetag in Mainz und bittet um Rat. Der Textileinzelhändler bewegt mit Unterstützung seines Rechtsanwalts und der Gemeinde die ehemalige Grundstückseigentümerin dazu, den Kaufvertrag über das Grundstück (wegen Irrtum, arglistiger Täuschung, Dissens und Verletzung der Formvorschrift) anzufechten.

(3) Ende März 1970 beschließt der Gemeinderat Rohrbach eine „Ortssatzung über die Ausübung des Vorkaufsrechts", die bereits Anfang April vom Landratsamt genehmigt wird und Mitte April in Kraft tritt. Die Gemeinde macht daraufhin beim Landgericht in Landau das Vorkaufsrecht als Hauptantrag geltend (Hilfsantrag: Nichtigkeitsfeststellung - vgl. (2)).

(4) Nach mehreren Verhandlungen und nach Umstellung des Klageantrags (Hauptantrag: Nichtigkeitsfeststellung) sowie aufgrund eines Sachverständigengutachtens, das der Klägerin auf Nichtigkeitsfeststellung Geschäftsunfähigkeit bescheinigt, wird im Dezember 1970 ein Vergleich geschlossen, wonach die beklagte Firma die Löschung der zu ihren Gunsten im Grundbuch eingetragenen Vormerkung bewilligt und die Klägerin die Kosten des Rechtsstreits trägt.

(5) Mitte Dezember 1970 kauft der Textileinzelhändler das Grundstück von dem als Pfleger eingesetzten Sohn der geschäftsunfähigen Klägerin (zu einem Preis, der sich infolge eines Konkurrenzangebots der beklagten Firma verdoppelt hatte). Im März 1971 wurde das Wasgau-Einkaufszentrum eröffnet.

2.2 Der MASSA-Verbrauchermarkt in Hockenheim

(1) Aufgrund von Gesprächen und Verhandlungen, die der Bürgermeister von Hockenheim Anfang 1971 mit der Firma MASSA-Märkte, Alfred Massa GmbH, Alzey, die einen weiteren Standort für einen Verbrauchermarkt sucht, initiiert, beschließt der Gemeinderat Hockenheim im Mai, der Ansiedlung zuzustimmen und der Gesellschaft das erforderliche Gelände zu überlassen bzw. zu beschaffen. In einem späteren Gemeinderatsbeschluß wird die im Entwurf des Flächennutzungsplans als gewerbliche Reserve-Baufläche ausgewiesene Ansiedlungsfläche als „Sondergebiet" gemäß § 11 Abs. 3 BNVO v. 26. 6. 72 bestimmt.

(2) Im April 1972 wird ein erster Kauf- und Ansiedlungsvertrag geschlossen. „Erwerber" sind je zur Hälfte die Baugemeinschaft K.-H. KIPP, Geschäftsführer und Inhaber der Firma MASSA-Märkte, sowie der Frankfurter Kaufmann M. STAWSKI. Die Baugemeinschaft erwirbt bebaute und unbebaute Grundstücke und vermietet diese an die Firma MASSA-Märkte. Ein weiterer Kauf- und Ansiedlungsvertrag wird auf Wunsch des Erwerbers Ende 1973 geschlossen. Der Verbrauchermarkt besitzt jetzt eine Gesamtfläche von ca. 55 000 qm, von denen vertragsgemäß 16 000 qm als Betriebsfläche dienen sollen.

(3) Mitte 1974 stellt der Erwerber auf Drängen des Bürgermeisters mit etwa zweijähriger Verspätung den Antrag auf Baugenehmigung.
Das Regierungspräsidium als genehmigungspflichtige höhere Verwaltungsbehörde verweigert aber die Zustimmung vor allem mit der Begründung, es liege kein qualifizierter Bebauungsplan vor.

(4) Die Gemeinde leitet ein Bebauungsplanverfahren ein. Ein Bebauungsplan (für ein Gebiet von ca. 49 ha) wird vom Gemeinderat im September 1974 beschlossen, stößt aber auf die Kritik des Regionalverbandes Unterer Neckar; daraufhin beschließt der Gemeinderat im Mai 1975 die Annahme und Offenlegung eines (auf die MASSA-Ansiedlung zugeschnittenen) Teilbebauungsplans (für ein Gebiet von ca. 13 ha).

Während der Auslegungsfrist melden der Regionalverband, die IHK Rhein-Neckar sowie die Stadt Wiesloch als Träger öffentlicher Belange grundsätzliche Bedenken gegen die Ansiedlung des MASSA-Verbrauchermarktes in Hockenheim an. Tenor der Bedenken ist der mögliche Funktionsverlust der Stadt Hockenheim, aber auch der Mittelzentren Schwetzingen und Wiesloch als Folge von Umsatzverlusten im Einzelhandel.

(5) Nachdem der Gemeinderat die Bedenken im Juli 1975 zurückweist und den Bebauungsplanentwurf als Satzung beschließt, ordnet das Regierungspräsidium mit Erlaß an die nachgeordnete Genehmigungsbehörde (Landratsamt) an, der Gemeinde aufzutragen, sowohl eine nachträgliche Abstimmung mit den angrenzenden Gemeinden einschließlich der Stadt Speyer als auch die Interessenabwägung durch eine neue Beschlußfassung des Gemeinderats vorzunehmen.

Da der Gemeinderat die Auffassung vertritt, der notwendigen Abwägung öffentlicher und privater Interessen bereits Genüge getan zu haben, und auch keine der angeschriebenen Gemeinden sowie die Städte Speyer und Schwetzingen Bedenken erheben, kann er den geforderten neuen Beschluß im September 1975 fassen. Im Februar 1976 erteilt das Landratsamt die Baugenehmigung, die von der Gemeinde unverzüglich an die Firma MASSA weitergeleitet wird.

(6) Als unmittelbare Gegenreaktion legt die Stadt Wiesloch beim Verwaltungsgericht Widerspruch gegen die Baugenehmigung ein und erhebt - als die Stadt Hockenheim die sofortige Vollziehung anordnet - noch im Februar 1976 Anfechtungsklage und beantragt außerdem ein Normenkontrollverfahren beim Verwaltungsgerichtshof in Mannheim. Vier Monate später (Anfang Juni 1976) beantragt der Regionalverband Unterer Neckar ebenfalls ein Normenkontrollverfahren beim Verwaltungsgerichtshof. In der Zwischenzeit hatte das Verwaltungsgericht den Antrag der Stadt Wiesloch auf die Wiederherstellung der aufschiebenden Wirkung ihres Widerspruchs gegen die Baugenehmigung abgewiesen (am 12. 3. 76), worauf die Stadt Wiesloch beim Verwaltungsgerichtshof Beschwerde gegen den Beschluß des Verwaltungsgerichts erhoben hatte und dies wiederum den Antrag der Stadt Hockenheim zur Folge hatte, die Beschwerde zurückzuweisen.

(7) Die öffentliche Diskussion um den Verbrauchermarkt wird intensiver und weitet sich aus: Die Gewerbevereine einer Reihe von Gemeinden fordern die Rückgängigmachung des MASSA-Projektes, auf dem Gelände des Verbrauchermarkts findet eine öffentliche (vom Fernsehen übertragene) Diskussion statt, an welcher die Firma MASSA, der Bürgermeister von Hockenheim, der Direktor des Regionalverbandes, Vertreter des Einzelhandelsverbandes, des Städtetages sowie des Innenministeriums von Baden-Württemberg teilnehmen, u.a.m.

(8) Der Verwaltungsgerichtshof entscheidet am 21. Juni 1976 über die Beschwerde der Stadt Wiesloch gegen den Beschluß des Verwaltungsgerichts vom 12. 3. 76 sinngemäß wie folgt: Es darf zwar gebaut werden, jedoch darf das errichtete Gebäude bis zur Entscheidung im Normenkontrollverfahren nicht als Verbrauchermarkt genutzt werden. Die Stadt Hockenheim und die Firma MASSA beantragen beim Verwaltungsgericht, durch einstweilige Anordnung das Nutzungsverbot zu beseitigen (Beseitigungsklage).

(9) Die Firma MASSA schafft vollendete Tatsachen durch bauliche Maßnahmen und die Einstellung von Mitarbeitern und kündigt die Eröffnung des Verbrauchermarktes für Oktober 1976 an. Als die Beseitigungsklage am 8. Oktober 1976 vom Verwaltungsgericht abgelehnt wird, hat die Firma mittlerweile rd. 40 Mio. DM investiert und verfügt über eine Belegschaft von über 300 Mitarbeitern. Als der Gerichtsbeschluß bekannt wird, teilt der Inhaber der Belegschaft mit, daß er bis auf einen kleinen Stamm allen Mitarbeitern demnächst kündigen müsse.

(10) Es finden Protestkundgebungen der Arbeitnehmer statt. Der Gemeinderat Wiesloch lehnt ein Angebot der Firma MASSA ab, einen einmaligen Betrag von 3 Mio. DM zum Ausgleich des befürchteten Zentralitätsverlustes durch die Inbetriebname des MASSA-Marktes zur Verfügung zu stellen sowie auf der Gemarkung Wiesloch ein Hotel zu bauen, wenn die Stadt

Wiesloch ihren beim Verwaltungsgericht gestellten Antrag auf Wiederherstellung der aufschiebenden Wirkung des Widerspruchs zurücknähme. Die Firma MASSA spricht unmittelbar darauf (am 21. Oktober 1976) fristlose Kündigungen aus, bietet aber an, einen Teil der Arbeitnehmer in anderen MASSA-Märkten weiter zu beschäftigen und alle gekündigten Arbeitnehmer im Falle einer Eröffnung des Verbrauchermarktes zu gleichen Bedingungen wieder einzustellen.

(11) 40 Arbeitnehmer reichen beim Arbeitsgericht Mannheim Kündigungsschutzklage ein. Nachdem dieser Klage im Dezember 1976 insoweit stattgegeben wird, als die fristlosen Kündigungen in termingerechte umgewandelt werden, geht die Firma MASSA vor das Landesarbeitsgericht, welches im Februar 1977 einen Vergleich vorschlägt.

(12) Anfang Dezember 1976 findet die mündliche Verhandlung der beiden Normenkontrollverfahren-Anträge statt. Am 10. Februar verkündet der Verwaltungsgerichtshof die Urteile: Die Anträge werden abgewiesen - der Antrag der Gemeinde Wiesloch aus sachlichen Gründen (Zumutbarkeit von Erschwernissen) und der Antrag des Regionalverbandes aus formalen Gründen (keine Antragsberechtigung). Der Verbrauchermarkt darf sofort eröffnet werden.

2.3 Der MASSA-Verbrauchermarkt in Lollar

(1) Ende Mai 1972 genehmigt das Regierungspräsidium Darmstadt einen Bebauungsplan, in dem ein Wiesengelände südlich der Ortsbebauung von Lollar als Industriegebiet ausgewiesen ist. Die Ausweisung als Industriegebiet war hauptsächlich im Hinblick auf die geplante Betriebsverlagerung einer Kühlmöbelfabrik aus dem Ortskern von Lollar erfolgt. Nachdem zum einen die Firma an diesem Standort mittlerweile nicht mehr interessiert ist und zum anderen die Firma MASSA ihr Interesse bekundet hat, dort zwecks Einrichtung eines Verbrauchermarktes 50 000 - 60 000 qm Gelände zu erwerben, beschließt die Stadtverordnetenversammlung von Lollar im Frühjahr 1973, den Bebauungsplan zu ändern und ein Sonderbaugebiet für den Verbrauchermarkt auszuweisen. Wegen eines Formfehlers der Stadt Lollar mußte das Verfahren zur Aufstellung des Bebauungsplans wiederholt werden, die (erneute) öffentliche Auslegung des Entwurfs erfolgte im April 1974.

In der Zwischenzeit hatte die Firma MASSA - auf Anraten der Stadtverwaltung - bereits eine Reihe von Parzellen auf dem Industriegelände aufgekauft.

(2) Als Träger öffentlicher Belange äußern sich: die Regionale Planungsgemeinschaft Mittelhessen, das Regierungspräsidium in Darmstadt, die Industrie- und Handelskammer Gießen, das Baudezernat der Stadt Gießen, die Stadt Gießen sowie der Einzelhandelsverband Mittelhessen. Keine Bedenken hatte lediglich die Regionale Planungsgemeinschaft Mittelhessen.

Ein Kaufmann aus Lollar (Besitzer des größten Kaufhauses und Supermarktes am Ort) ruft die Baulandkammer des Landgerichts in Darmstadt an, und diese entscheidet, daß der Bebauungsplan rechtsunwirksam sei, weil er nicht aus einem Flächennutzungsplan entwickelt worden sei.

(3) Die Stadtverwaltung Lollar beschließt daher im Juni 1974 die Aufstellung eines (bisher wegen der Gebietsreform zurückgestellten) Flächennutzungsplans und fast ein Jahr später (April 1975) die Offenlegung des Flächennutzungsplanentwurfs. Wegen eines (erneuten) Formfehlers (Auswechseln der Erläuterungsberichte während der Offenlegung) muß der Entwurfs- und Offenlegungsbeschluß wiederholt werden; dies erfolgt im Juni 1975. Zu dem Entwurf des Flächennutzungsplans werden ablehnende Stellungnahmen abgegeben von der Industrie- und Handelskammer Gießen, der Stadt Gießen, dem Gründungsverband „Stadt Lahn“, dem Einzelhandelsverband Mittelhessen sowie von dem unter (2) erwähnten Kaufmann aus Lollar.

(4) Schon während der Zeit der Erstellung des Flächennutzungsplans hat die Stadt Lollar den Versuch unternommen, dem Ergebnis der Bauleitplanung (Flächennutzungsplan und Bebauungsplan) vorzugreifen und die Errichtung des Verbrauchermarktes durch eine vorgezogene Baugenehmigung zu sichern und zu beschleunigen. So hat sich die Stadt Lollar mehrfach mündlich und schriftlich sowohl an die Oberste Landesplanungsbehörde in der Staatskanzlei als auch an die Obere Landesplanungsbehörde im Regierungspräsidium gewandt - letztendlich mit dem Ergebnis eines Erlasses des Hessischen Ministerpräsidenten an die Stadt Lollar vom 17. 7. 1975, in dem das Verbrauchermarktprojekt in Lollar als ein Grenzfall bezeichnet und trotz landesplanerischer Bedenken das Einverständnis mit dem Vorhaben erklärt wird.

(5) Im August 1975 werden der Flächennutzungsplan und der Bebauungsplan von der Stadtverordnetenversammlung zum ersten Mal verabschiedet, Ende Januar 1976 zum zweiten Mal und Ende April 1976 zum dritten und letzten Mal. Die Wiederholungen des Planaufstellungsverfahrens waren notwendig geworden, weil das Regierungspräsidium (in Absprache mit der Staatskanzlei und dem Innenministerium) auf eine Beschränkung der Gesamtfläche für das Sondergebiet (auf 55 000 qm) und insbesondere der Nettoverkaufsfläche für den Verbrauchermarkt (auf höchstens 10 000 qm) hingewirkt hat. Während der Offenlegungsfristen wiederholten die unter (3) genannten Träger öffentlicher Belange, diesmal unterstützt von der Kreishandwerkerschaft Gießen, ihre negativen Beurteilungen des Verbrauchermarktprojektes.

Anfang Mai 1976 wurden der Flächennutzungsplan sowie der Bebauungsplan in ihrer jeweils modifizierten Fassung vom Regierungspräsidium genehmigt.

(6) Die Gegner des Verbrauchermarktes im Einzelhandel und in den politischen Gremien unternehmen letzte (erfolglose) Versuche, die Verwirklichung des Projekts zu verhindern. Der Magistrat der Stadt Gießen klagt gegen die Stadt Lollar, ein Antrag auf einstweilige Anordnung in der gleichen Sache wird vom Verwaltungsgericht ebenso zurückgewiesen wie eine Beschwerde gegen diesen Entscheid. Die unter (1) erwähnte Kühlmöbelfabrik beantragt beim Verwaltungsgerichtshof in Kassel ein Normenkontrollverfahren. Der Einzelhandelsverband Mittelhessen sowie ein Gießener Großhandelshaus verfassen „Exposés" zur Lage, eine „Schutzgemeinschaft mittelständischer Kaufleute Hessen" sowie eine „Aktionsgemeinschaft Rettet die Arbeitsplätze" werden gegründet, und auf einer Protestversammlung beider Gemeinschaften Ende Februar 1977 wird eine Petition an den Hessischen Landtag verabschiedet.

Der MASSA-Verbrauchermarkt Lollar wird Mitte März 1977 eröffnet.

3. Retrospektive Beurteilung im Hinblick auf Schwachstellen der raumordnungspolitischen Steuerung

3.1 Ungünstige Ausgangsbedingungen für die Regional- und Landesplanung

(a) Der Beginn des Entscheidungsprozesses war eine rein kommunale Angelegenheit, wobei die Initiative entweder von der Gemeinde (im Falle Hockenheims) oder der Unternehmensleitung (im Falle Rohrbachs und Lollars) ausging. In beiden Fällen kann man wohl kaum davon ausgehen, daß die Vorstellungen der Landesplanung oder der Regionalplanung eine vorherrschende Rolle bei den Investitionsentscheidungen spielten. Bei der privaten Unternehmensleitung in Hockenheim und Lollar kann man m.E. immerhin unterstellen, daß sie aufgrund der Erfahrungen mit der Errichtung von Einkaufszentren und Verbrauchermärkten das Konfliktpotential und die Gefahr jahrelanger Verzögerungen mit ins Kalkül gezogen hat. Die Gemeinden dürften in erster Linie die Stärkung der wirtschaftlichen Grundlagen und die zukünftige (expansive) Entwicklung auf dem Gemeindegebiet im Auge gehabt haben. Es ist m.E. auch zuviel verlangt, würde man von Gemeinden erwarten, daß sie sich von vornherein einem rigiden zentralörtlichen Raumordnungsschema unterwerfen. Nicht zuletzt ist es auch eine Bewährungsprobe für das zentralörtliche Versorgungssystem, wenn einzelne Gemeinden ihre Möglichkeiten ausschöpfen und versuchen, die Ansiedlung von Einkaufszentren oder Verbrauchermärkten (wie im Falle Hockenheims und Lollars) gewissermaßen zu ertrotzen.

(b) Für den weiteren Entscheidungsablauf war von erheblicher Bedeutung, daß er erst nach einer „kommunalen Vorlaufphase" übergemeindlichen Charakter erhielt, d.h. dann, als im Rahmen der Bauleitplanung der Bebauungsplan öffentlich ausgelegt werden mußte und die Träger öffentlicher Belange Stellung nehmen konnten. (Im Falle Rohrbachs erregte aber die Auslegung (und Genehmigung) des Bebauungsplans weit weniger Aufsehen als die spätere Anrufung des Landgerichts seitens der in Schwierigkeiten geratenen Gemeinde.) Fatalerweise waren die Gemeinden dann bereits weitgehend festgelegt, wie die drei Fallstudien über Rohrbach, Hockenheim und Lollar eindrucksvoll belegen: Grundstücke waren verkauft, Ansiedlungsverträge geschlossen, Vergünstigungen gewährt, investive Vorleistungen erbracht, Hoffnungen (z.B. auf Arbeitsplätze) geweckt. Angesichts dieser Sachlage blieb den Gemeinden kaum etwas anderes übrig als sich auch weiterhin für das Projekt einzusetzen, auch, um (gerechtfertigten oder ungerechtfertigten) Schadensersatzforderungen seitens der Unternehmensleitung vorzubeugen. Diese Konstellation (Koalition) und Entscheidungsphase waren für eine unvoreingenommene Berücksichtigung landes- und regionalplanerischer Ordnungsvorstellungen wenig günstig, d.h., dafür war es so gut wie zu spät. (Diese These wird auch durch die folgenden Überlegungen gestützt).

3.2 Unzureichende Interessenabwägung

(a) Das Anhörungsverfahren brachte eine Mehrzahl von Trägern öffentlicher Belange in Beweisnot und Zugzwang. Vor besonderen Schwierigkeiten standen insbesondere diejenigen Institutionen, die die Gefahr einer Beeinträchtigung der Entwicklung benachbarter Zentren (gleicher oder höherer Stufe) sahen oder prüfen mußten. Zu diesem Kreis gehörten vor allem die möglicherweise betroffenen Städte, der zuständige regionale Planungsträger und nicht zuletzt die verschiedenen Interessenvertreter des Einzelhandels. Die zentrale Hypothese basierte auf einem Umsatzverlust des Einzelhandels als Auslöser für eine Reaktionskette mit dem Endergebnis von Zentralitätsverlusten und damit eines Unterlaufens des raumordnungspolitisch gewollten zentralörtlichen Systems. Um die empirischen Belegmöglichkeiten dieser Hypothese, zumal in einer undifferenzierten Form, war und ist es jedoch nicht gut bestellt. Dies lag und liegt zum einen an grundsätzlichen methodischen Schwierigkeiten von Wirkungsanalysen überhaupt, zum anderen an der noch beschränkten Anzahl gründlicher empirischer Fallstudien. Durch ad-hoc-Gutachten konnte die fehlende Grundlagenforschung nicht ersetzt werden, auch ließ sich die Beweisnot kaum lindern, sondern wurde eher verschlimmert, wie Gutachten und Gegengutachten in den Fällen Hockenheims und Lollars zeigen.

Stellvertretend für Belegschwierigkeiten auf anderen Gebieten sei hier nur die Auseinandersetzung zwischen dem Straßenbauamt und der Naturschutzbehörde im Fall Rohrbach erwähnt, die noch nach der Eröffnung des Wasgau-Einkaufszentrums andauerte.

(b) Mangelhafte Informationsgrundlagen leisteten einer Ausweitung der Politisierung in dem Sinne Vorschub, daß Sachargumente in den Hintergrund traten oder zu treten schienen und in vielfältiger Weise „Beziehungen" und Positionen ge- und benutzt wurden, um den eigenen Interessen zum Erfolg zu verhelfen.

In diesem Beitrag (vgl. hierzu die abrißhafte Darstellung der Entscheidungsabläufe unter (2) wird bewußt gar nicht erst der Versuch unternommen, den komplexen Zusammenhang von

Nebenschauplätzen zu verdeutlichen, da er nicht vollständig erfaßbar ist und wohl auch von Verhaltenswissenschaftlern nicht ganz zu enträtseln sein dürfte. Die drei Fallstudien führten jedoch zu einem vorhersagbaren Ergebnis der öffentlichen Anhörung und der damit verbundenen Interessenabwägung (die in manchen Fällen zunächst nur zu einer Konkretisierung der Interessen führte): Die divergierenden Interessen wurden in rechtliche Streitfragen transponiert.

(c) Formfehler bei der Bauleitplanung (hier sind die Gemeinden Hockenheim und insbesondere Lollar zu nennen) oder auf anderen Gebieten (z.B. Ortssatzung im Falle Rohrbachs) machten es den Gegnern der Ansiedlungsprojekte relativ leicht, zumindest zeitliche Verzögerungen der Projekte zu erreichen. Wenn dadurch nicht die Interessenkonformität von Gemeinde und Unternehmensleitung in Gefahr geriet, behielt die Gemeinde trotz möglicherweise unzureichender Interessenabwägung eine relativ starke Position insofern, als sie die Interessenabwägung durch Gemeinderatsbeschluß als in ausreichendem Umfang erfolgt konstatieren konnte (und das auch tat).

(d) Auch wenn, wie im Falle Hockenheims und Lollars geschehen, Normenkontrollverfahren beim zuständigen Verwaltungsgerichtshof eingereicht wurden, so konnte dies nicht zu einem Schiedsrichterspruch über die strittigen Sachfragen, sondern nur über die bau- und planungsrechtlichen Streitfragen (inhaltlich und formal) führen. Es kann aus Kompetenzgründen nicht Aufgabe der Gerichtsbarkeit sein, landesplanerische Plansätze bzw. Ordnungsvorstellungen inhaltlich zu interpretieren (sehr weit käme sie damit ohnehin nicht).

(e) Die regionalen Planungsinstitutionen (Regionale Planungsgemeinschaften, Regionalverbände) spielten in den drei Fallstudien eine unterschiedliche Rolle. Im Falle Rohrbachs war die Regionale Planungsgemeinschaft Südpfalz seinerzeit noch nicht funktionsfähig. Im Falle Lollars vertrat die Regionale Planungsgemeinschaft Mittelhessen von Anfang an die Auffassung, das Verbrauchermarktprojekt verstoße nicht gegen die Ziele der Raumordnung und Landesplanung. Im Gegensatz hierzu behauptete der Regionalverband Unterer Neckar eben einen solchen Verstoß im Falle des Verbrauchermarktprojekts Hockenheim und strengte sogar ein Normenkontrollverfahren beim Verwaltungsgerichtshof an. Die Abweisung des Antrags durch den Verwaltungsgerichtshof mit der Begründung, der Regionalverband sei nicht antragsberechtigt, hat im Innenministerium von Baden-Württemberg zu Überlegungen geführt, „ob die Position der Regionalverbände dadurch gestärkt werden kann, daß ihnen ausdrücklich die Kompetenz zugewiesen wird, auf die Verwirklichung regionalplanerischer Zielsetzungen hinzuwirken, und daß ihnen im Verfahren eine stärkere Stellung eingeräumt wird"[3].

Wenn hier unter rechtlich-organisatorischen Aspekten eine gewisse Schwäche der Regionalverbände konstatiert wird, so trifft dies m.E. auch auf die fachliche Kompetenz zu. Die unzureichende Interessenabwägung ist m.E. nicht zuletzt darauf zurückzuführen, daß diese Institutionen nicht oder nur ansatzweise in der Lage waren, eine systematische Informationsbeschaffung und -auswertung zu betreiben und auf dieser Grundlage eine fundierte und objektive Beurteilung der von den verschiedenen Interessenvertretern vorgetragenen Hypothesen abzugeben.

---

[3]) O.V.: „Wie geht es weiter mit den Verbrauchermärkten? Stellungnahme des Innenministeriums zu dem VGH-Urteil zugunsten des MASSA-Marktes in Hockenheim." Staatsanzeiger für Baden-Württemberg v. 3. August 1977.

4. Verbesserung der raumordnungspolitischen Steuerung von Einzelhandelsgroßprojekten: Ansatzpunkt Regionalplanung

(a) Den regionalen Planungsinstitutionen[4] kommt m.E. eine strategische Bedeutung bei dem Versuch zu, die angedeuteten Schwachstellen bei der raumordnungspolitischen Steuerung von Einkaufszentren und Verbrauchermärkten abzubauen. Eine Stärkung der Planungskapazität auf der Regionalplanungsebene erscheint notwendig, um die Landesplanung von dem Dilemma zu befreien, ihre Plansätze über die zentralörtliche Raumstruktur entweder nicht in ausreichendem Maße in die Praxis umsetzen zu können, oder die Aussagefähigkeit und Bindungswirkung der Plansätze überfordern zu müssen. Ziel, Grundsätze und Plansätze der Landesplanung sind unter dem Gesichtspunkt der (Rahmen-) Planungslogik notwendigerweise unbestimmt und bedürfen der Konkretisierung und Umsetzung auf den nachgeordneten (unteren) Planungsebenen. Die Frage nach den positiven und negativen Beiträgen eines Investitionsprojektes zu gesellschaftlichen Zielen kann in der Regel nur im Einzelfall - und dann zweckmäßigerweise auf unterer regionaler Ebene - konkret beantwortet werden. Von dieser Einzelprüfung hängt es ab, ob die raumordnungspolitischen Plansätze der Landesplanung bestätigt werden oder ob sich triftige Gründe ergeben, diese zu überdenken und zu modifizieren. Es hieße m.E. den Charakter landesplanerischer Plansätze als ein Prokrustesbett mißverstehen (und mißbrauchen), wollte man sie formalistisch als Checkliste für die Standortwahl von Einkaufszentren und Verbrauchermärkten verwenden. Im Falle des Verbrauchermarktes in Lollar hat sich die Landesplanung in diesem Sinne als flexibel erwiesen: Der Erlaß „Ziele der Raumordnung und Landesplanung, hier: Einkaufszentren, SB-Warenhäuser, Verbrauchermärkte und ähnliche Einrichtungen“ des Hessischen Ministerpräsidenten vom 1. 10. 1974 wurde auf dem Wege eines speziellen Erlasses der Staatskanzlei dahingehend interpretiert, daß der Fall Lollar als Grenzfall einzustufen sei.

(b) Die sich hier äußernde Beurteilungsunsicherheit könnte m.E. abgebaut werden, wenn man die regionalen Planungsinstitutionen stärker als bisher zur systematischen (d.h. nicht ad hoc) Informationsbeschaffung und Vorbereitung der Entscheidungsgrundlagen verpflichten würde. Die in diesem Zusammenhang naheliegende Erwägung, die regionalen Planungsinstitutionen im Sinne einer Vorentscheidungsinstanz mit mehr Durchsetzungskompetenzen auszustatten, sei hier nur erwähnt, eine Auseinandersetzung mit den damit verbundenen planungsrechtlichen und -organisatorischen Problemen kann hier nicht erfolgen.

Zu den Aufgaben der regionalen Planungsinstitutionen müßte es gehören, alternative Standorte für Einkaufszentren und Verbrauchermärkte zu überprüfen und eventuell vorzuschlagen. Der Verengung des raumordnungspolitischen Allokationsproblems auf eine Ja-Nein-Beurteilung eines von einer einzelnen Gemeinde vorgeschlagenen Standortes könnte so entgegengewirkt werden. Auch könnte die Informationsbeschaffung und -auswertung systematischer betrieben und objektiviert werden, wenn die regionalen Planungsinstitutionen hierfür die Hauptverantwortung tragen. Hierzu gehörte auch die Beeinflussung der Gutachtertätigkeit durch Vorschläge für die zu untersuchenden Fragestellungen und die zu bemühenden Experten. Die Gutachtertätigkeit gerät zur Farce, wenn die verschiedenen Interessenvertreter einander Gutachten entgegenhalten, die den jeweiligen Standpunkt untermauern (dem Ansehen der Wissenschaft dient das ebenfalls nicht).

c) Die Stärkung der Planungskapazität auf der regionalen Ebene zielt darauf ab, einen Entscheidungsprozeß, der unbestreitbar überkommunaler Natur ist, von Anfang an (und nicht erst in einer Phase, in der von einer Gemeinde schon erhebliche Präjudizien geschaffen worden sind)

---

[4]) Gemeint sind hier die unteren und oberen bzw. höheren Landesplanungsbehörden sowie die Regionalen Planungsgemeinschaften oder Regionalverbände.

als ein raumordnungspolitisches Planungsproblem zu behandeln. Hierfür ist m.E. eine - wie auch immer organisatorisch ausgestaltete - weitergehende Beteiligung einer überkommunalen (regionalen) Planungsinstanz an der kommunalen Bauleitplanung notwendig.

Einen ersten Schritt in diese Richtung hat Rheinland-Pfalz unternommen. Durch die Einführung einer Mitteilungspflicht seitens der Gemeinden soll eine frühzeitige Beteiligung der Landesplanungsbehörden erreicht werden. So wird in einem Rundschreiben „Errichtung von Einzelhandelsgroßprojekten gemäß § 11 Abs. 3 Baunutzungsverordnung i.d.F.d. Bekanntmachung vom 15. 9. 1977 (BGBl.I, S. 1763)"[5] gefordert:

„Die Absicht, ein Einzelhandelsgroßprojekt von mehr als 1 500 qm Geschoßfläche zu errichten, ist gemäß § 22 LPlG der unteren und der oberen Landesplanungsbehörde zu einem so frühen Zeitpunkt (jedenfalls vor einer evtl. Beschlußfassung durch die Vertreterkörperschaft der Gemeinde) mitzuteilen, daß diesen Behörden die Wahrnehmung ihrer Aufgaben möglich ist"[6].

(d) Die Verbesserung der raumordnungspolitischen Steuerung ist nicht nur eine Frage des Zeitpunkts der Beteiligung der Regionalplanung, sondern vor allem eine Frage der Stärkung der Planungskapazität und der Kompetenzverteilung. In diesem Zusammenhang müssen auch die rechtlichen Planungsverfahren überdacht werden. Dies trifft vor allem auf das sog. Raumordnungsverfahren (in Rheinland-Pfalz raumplanerisches Verfahren genannt) zu, das bei strittigen Einzelhandelsgroßprojekten durchgeführt wird. Raumordnungsverfahren sind „nur die landesplanungsgesetzlich geregelten förmlichen landesplanerischen Abstimmungsverfahren, die regelmäßig zur *nachträglichen* Abstimmung von raumrelevanten Vorhaben . . . eingesetzt werden"[7], sie stellen also nicht echte Planungsverfahren im Sinne eines Planaufstellungsverfahrens dar und umfassen im übrigen auch nicht" die zur zwischengemeindlichen Abstimnmung der Bauleitplanung stattfindenden Planungskoordinationen und Abstimmungsverfahren . . ."[8].

---

[5]) Veröffentlicht im Ministerialblatt der Landesregierung Rheinland-Pfalz v. 22. 12. 1978, Nr. 23.

[6]) Ebda. III.3., Hervorhebungen im Original.

[7]) ZOUBEK, G.: Das Raumordnungsverfahren. Eine rechtsvergleichende Untersuchung des förmlichen landesplanerischen Abstimmungsinstrumentes. Münster 1978. Beiträge zum Siedlungs- und Wohnungswesen und zur Raumplanung, Bd. 45, S. 3 f. (Hervorhebung im Original).

[8]) Ebda, S. 4, Anm. 1).

Ergebnisse der neuen Naturschutzgesetzgebung in den Ländern Hessen, Rheinland-Pfalz und Saarland

von

Günter Preuß, Landau

Gliederung

Vorbemerkung

Die Naturschutzgesetzgebung hat ökologische Sachverhalte und solche Fragen zu regeln, die in dem Spannungsfeld zwischen Nutzung von Natur und Landschaft einerseits und ihrem Schutz sowie ihrer Gestaltung und Pflege andererseits entstehen. Dementsprechend zielen die gesetzlichen Regelungen des Naturschutzes darauf,

- die Leistungsfähigkeit des Naturhaushaltes,
- die Nutzungsfähigkeit der Naturgüter,
- die Pflanzen- und die Tierwelt sowie
- die Vielfalt, Eigenart und Schönheit von Natur und Landschaft

als Lebensgrundlagen des Menschen und als Voraussetzung für seine Erholung nachhaltig zu sichern (BNatSchG).

Das hierauf begründete Recht umfaßt demnach ein kompliziertes System, das den gesamten Bereich von den natürlichen Grundlagen der Gesellschaft über ökologische Verhältnisse hinaus bis in den sozialen, ökonomischen und ebenfalls den kulturellen Handlungsraum des Menschen berührt. Es beansprucht Einflußnahme auf raumbedeutsame Entscheidungen und ist in dieser Hinsicht von vornherein eminent planungsrelevant.

Da gegenwärtig die seit dem Internationalen Europäischen Naturschutzjahr (1970) in Gang gekommene Gesetzgebungsphase im Naturschutz zum Abschluß kommt, ist es angebracht und möglich, die neu entstandene Lage in Grundzügen darzustellen. Entsprechend den Zielsetzungen der Landesarbeitsgemeinschaft Hessen/Rheinland-Pfalz/Saarland der ARL geschieht dies in der Absicht, wichtige Neuregelungen sowie die Übereinstimmungen und die Abweichungen innerhalb der drei Länder Hessen, Rheinland-Pfalz und Saarland aufzuzeigen.

Das Interesse hieran liegt ebenso in dem Verlangen nach einem Überblick wie in der Notwendigkeit, sich in der wirklichen oder scheinbar verwirrenden Vielfalt der Regelungen zurechtfinden zu können. Da die Beteiligung des Naturschutzes an der planenden Gestaltung der Landschaft zu einer der entscheidenden Neuerungen in der Neuordnung des Naturschutzrechts geworden ist, wird hierauf besonderes Augenmerk zu legen sein. Eine komplette Darstellung oder ein Kommentar der Gesetze ist in dem hier möglichen Rahmen nicht beabsichtigt.

Die wichtigsten gesetzlichen Grundlagen für das Naturschutzrecht in den drei Ländern sind die folgenden Gesetze:

1. Bundesrepublik Deutschland

BNatSchG Gesetz über Naturschutz und Landschaftspflege (Bundesnaturschutzgesetz – BNatSchG) vom 20. Dezember 1976 (BGBl. I S. 3574; 1977 I S. 650), geändert durch Gesetz zur Berücksichtigung des Denkmalschutzes im Bundesrecht vom 1. Juni 1980 (BGBl. I S. 649).

2. Hessen

HENatG Hessisches Gesetz über Naturschutz und Landschaftspflege (Hessisches Naturschutzgesetz – HENatG) vom 19. September 1980 (GVBl. II 881-17; GVBl. I, Nr. 19 S. 309-324).

3. Rheinland-Pfalz

LPflG Landesgesetz über Naturschutz und Landschaftspflege (Landespflegegesetz - LPflG) vom 14. Juni 1973, geändert durch das Landesgesetz zur Anpassung des Landespflegegesetzes an das Bundesnaturschutzgesetz vom 21. Dezember 1978 (GVBl. 1978 S. 726–734) in der Fassung vom 5. Februar 1979 (GVBl. 1979 S. 36).

4. Saarland

SNG Gesetz Nr. 1097 über den Schutz der Natur und die Pflege der Landschaft (Saarländisches Naturschutzgesetz - SNG) vom 31. Januar 1979 (Amtsbl. 1979 Nr. 9).

Ferner

HLG 5. Hessisches Landschaftspflegegesetz (HLG) vom 4. April 1973 (GVBl. I S. 126).

RNG 6. Reichsnaturschutzgesetz (-RNG-) vom 26. Juni 1935 (RGBl. 1935 I S. 821) in der Fassung vom 29. September 1935 (RGBl. 1935 I S. 1191), vom 1. Dezember 1938 (RGBl. 1938 I S. 1184) und vom 6. August 1943 (RGBl. 1943 I S. 481) sowie die Durchführungsverordnung und mehrere weitere ergänzende Vorschriften.

Zur Erleichterung des Einblicks in die Gliederung der gegenwärtig geltenden Landesgesetze und des BNatSchG sowie zur Erleichterung des Vergleichs der wichtigsten geregelten Sachverhalte sind im Anhang die Übersichtstabellen 1 und 2 angefügt.

1. Allgemeine Voraussetzungen

Trotz der steigenden Inanspruchnahme von Natur und Landschaft durch allerlei Nutzungen und Verbrauch hat es zunächst in den drei Bundesländern Hessen, Rheinland-Pfalz und Saarland keine Initiativen zur Neuregelung des Naturschutzrechtes gegeben.

Nach Entscheidung des Bundesverfassungsgerichtes vom 14. Oktober 1958 (BVerfG 8, 186) galt das Reichsnaturschutzgesetz vom 26. Juni 1935 mit Ausnahme derjenigen Regelungen fort, die sich als nicht verfassungskonform mit dem Grundgesetz erwiesen (z.B. Eigentumsrecht). Das RNG galt allerdings nicht als Bundesrecht, sondern als Landesrecht in den Ländern fort. Dem Bund ist hingegen über Art. 75 Abs. 1 Nr. 3 und Art. 70 Abs. 1 des Grundgesetzes der Bundesrepublik Deutschland das Recht eingeräumt, Rahmenvorschriften über den Naturschutz und die Landschaftspflege zu erlassen.

Obgleich die fortgeltenden Bestimmungen des RNG schon lange nicht mehr den sachlichen Erfordernissen entsprachen, wurden das öffentliche und politische Bewußtsein für den Naturschutz erst durch das Europäische Naturschutzjahr 1970 so weit entwickelt und gefestigt, daß eine Verbesserung und eine sachdienliche Anpassung der Materie zu erwarten war, wenn Bund und Länder von ihren Gesetzgebungskompetenzen Gebrauch machen würden.

Erste Anstöße hierzu gingen zunächst in die Richtung, dem Bund weitergehende Kompetenzen als die Rahmenkompetenz zu übertragen und im Rahmen der konkurrierenden Gesetzgebung ein entsprechendes Bundesgesetz anzustreben. Aufgrund einer Initiative des Deutschen Naturschutzringes, des Deutschen Rates für Landespflege und der Arbeitsgemeinschaft Deutscher Beauftragter für Naturschutz und Landschaftspflege wurde von einer Arbeitsgruppe unter Vorsitz des Verfassungsrichters Prof. Dr. ERWIN STEIN hierfür ein umfassender Gesetzentwurf entwickelt. Die Initiativen scheiterten und die Länder Hessen und Rheinland-Pfalz verabschiedeten 1973 eigene Gesetze (HENatG, LPflG). Während Hessen sich auf notwendig gewordene Ergänzungen zum RNG beschränkte (Landschaftspflege und Einführung der Landschaftsplanung in die Naturschutzgesetzgebung unserer Länder), so daß dort zunächst das RNG im wesentlichen noch fortgalt, regelte Rheinland-Pfalz in seinem Landespflegegesetz die Materie umfassend neu. Dabei wurden neben dem Rückgriff auf den STEINschen Entwurf zusätzliche Neuerungen entwickelt.

2. Die wesentlichen Neuerungen des rheinland-pfälzischen Landespflegegesetzes vom 14. Juni 1973

Mit dem am 14. Juni 1973 erlassenen Landespflegegesetz Rheinland-Pfalz sind einige wesentliche Neuerungen und Fortschritte in der Naturschutzgesetzgebung erzielt worden. Gegenüber dem alten RNG wird zunächst der Geltungsbereich dieses Landesgesetzes auf die gesamte Landschaft ausgeweitet. Es gilt sowohl für die freie wie für die besiedelte Landschaft. Die konsequente Weiterentwicklung der früheren Regelungen des RNG, die sich zunächst nur auf den Schutz beschränkt hatten, zeigte sich ferner darin, daß die wesentlichen Forderungen des Naturschutzes, den Naturschutz als Mittel zu einer Gestaltung und Pflege der ganzen Landschaft weiterzuentwickeln, berücksichtigt und überwiegend erfüllt wurden. Der Gesetzgeber hat diese grundsätzlichen Neuregelungen und Erweiterungen bereits in der Bezeichnung des Gesetzes aufgegriffen und insofern besonders deutlich gemacht, als er angesichts der Zusammenfassung von Naturschutz, Landschaftspflege und Grünordnung zur Landespflege den Titel „Landespflegegesetz“ wählte. Er griff dabei auf STEIN (1971) zurück.

Die im Landespflegegesetz erfolgten Festlegungen über Ziele und Aufgaben der Landespflege stellen gleichzeitig klar, daß der Gesetzgeber neben den bisherigen Aufgaben des Naturschutzes dessen ökologische Verankerung zusätzlich nun ebenso konsequent einführt.

Weitere Schwerpunkte des Gesetzes sind:

2.1 Verursacherprinzip

Die Einführung des Verursacherprinzips und die Regelung von Eingriffen in den Landschaftshaushalt oder in das Landschaftsbild. Die Eingriffe sind auf das unbedingt notwendige Maß zu beschränken und nachteilige Auswirkungen sind zu Lasten des Verursachers auszugleichen oder zu beseitigen. Gegebenenfalls sind landespflegerische Maßnahmen zur Abwendung von Landschaftsschäden zu dulden. Die Definition für den Eingriff ist ähnlich wie im HLG weitreichender als die im späteren BNatSchG abgeschwächte Form.

2.2 Landschaftsplanung

Die Einführung einer mehrstufigen Landschaftsplanung, die der Berücksichtigung aller ökologischen Gegebenheiten auf den verschiedenen Ebenen der Planung dienen soll. Sie reicht über die Bauleitplanung und Regionalplanung bis hin zum Landespflegeprogramm.

2.3 Erholungsprinzip

Die Sozialfunktionen bestimmter Teile der Natur, insbesondere ihre Verfügbarkeit für die Erholung werden verankert. Dazu werden das Betreten von Feld und Flur („Jedermann darf Wälder unentgeltlich betreten"), der freie Zugang zu Gewässern und der Gemeingebrauch an Gewässern festgesetzt.

2.4 Ökologischer Aspekt

Die Bestimmungen über Schutzbereiche und Schutzobjekte werden durch den ökologischen Aspekt ergänzt. Wesentlich über die Bestimmungen des RNG hinausgehend, welches die Schutzbestimmungen für Pflanzen und Tiere auf seltene und in ihrem Bestand bedrohte Arten beschränkt hatte (§ 2 RNG), werden diese unter ökologischen Gesichtspunkten auf Arten ausgedehnt, die für den Landschaftshaushalt wichtig sind.

Auch der Flächenschutz wird in dieser Hinsicht auf den Biotopschutz erweitert (Lebensstätten und Lebensgemeinschaften). Die bisherigen Schutzbereichskategorien Naturschutzgebiete, Landschaftsschutzgebiete und Naturdenkmale werden beibehalten. Die Kategorie „Geschützte Landschaftsbestandteile" wird präzisiert und die Kategorien „Naturpark" und „Landespflegebereich" werden neu eingeführt; „Landespflegebereich" allerdings im Zusammenhang mit dem Abschnitt Planung, weil es sich hierbei entsprechend dem STEINschen Entwurf um Landschaften handeln soll, die einer Sanierung aus landespflegerischer Sicht bedürfen. Erstmals wird ferner eine Bestimmung übernommen, die die Errichtung und Erweiterung von Freigehegen und Tiergärten betrifft. Die Bestimmung rekurriert auf den Artenschutz (Haltung in Gefangenschaft) und auf den Flächenbedarf derartiger Einrichtungen. Sie ist mit dem Landesplanungsgesetz über das raumplanerische Verfahren (§ 18 LPlG) rückgekoppelt.

2.5 Verfahrensgrundsätze

Für die Berücksichtigung der Belange der Landespflege bei landschaftsbezogenen Planungen und Maßnahmen werden Verfahrensgrundsätze verankert, die den rechtsstaatlichen Erfordernissen des Verwaltungshandelns entsprechen.

Dazu wird der bereits in § 20 RNG festgesetzt gewesene Grundsatz, nach dem die Naturschutzbehörden rechtzeitig zu beteiligen waren, ausführlicher gefaßt und präzisiert. Umgekehrt wird die öffentliche Beteiligung bei der Ausweisung von Schutzgebieten (öffentliche Auslegung, Beteiligung anderer Behörden usw.) im Gesetz verankert. Das RNG (§ 23) behielt die bekannt unbefriedigt gebliebene Regelung dieses wichtigen Sachverhaltes ausschließlich dem Verordnungswege vor. Für alle Behörden, öffentlichen Planungsträger, Körperschaften usw. gilt jetzt eine allgemeine Verpflichtung zur Landespflege.

2.6 Organisation

Der Naturschutz wird neu organisiert. Die Landespflegebehörden werden als Fachbehörden eingerichtet, bei denen der in Rheinland-Pfalz bislang auf verschiedene Ministerien verteilte Naturschutz (Kultusministerium) und die Landschaftspflege (Landwirtschaftsministerium) nunmehr in einem Ministerium zusammengefaßt werden. Zunächst war dies das Ministerium für Landwirtschaft, Weinbau und Umweltschutz; heute ist es das Ministerium für Soziales, Gesundheit und Umwelt.

Die bisherigen „Stellen für Naturschutz und Landschaftspflege" werden aus dem RNG nicht übernommen, ebenso nicht die bisherigen „Beauftragten für Naturschutz und Landschaftspflege". Stattdessen werden unabhängige Beiräte für Landespflege neu geschaffen. Das Beiratsprinzip, das bereits bei der Einrichtung des bei der bisherigen Landesstelle für Naturschutz und

Landschaftspflege tätig gewesenen „Wissenschaftlichen Beirates" eingeführt worden war, wird übernommen, jedoch dahingehend geändert, daß nunmehr in den Beiräten nicht nur Sachverständige der für die Landespflege bedeutsamen Grundlagendisziplinen, sondern darüber hinaus Vertreter von Organisationen sowie Vertreter derjenigen Bereiche berufen werden, die auf andere Weise von der Landespflege berührt werden. Damit werden als Neuerung Beiräte installiert, die zwar die alte Beratungsfunktion der ehemaligen Naturschutzstellen teilweise übernehmen, die jedoch im Gegensatz zu den ehemaligen Naturschutzstellen keine reinen Fachgremien sind, sondern Züge von Interessenbeiräten erhalten. Die fachlichen Aufgaben sollen hinfort die Behörden selbst übernehmen. Der entsprechende Aufgabenbereich der Landesstelle für Naturschutz wird von dem im Gesetz neu gegründeten Landesamt für Umweltschutz wahrgenommen. Dieses steht der Landesregierung und den Behörden als besondere fachliche Institution zur Verfügung.

Die Beiräte für Landespflege werden auf allen drei Verwaltungsebenen eingerichtet. Darüber hinaus wird auf der obersten Ebene ein interministerieller Ausschuß für Umweltschutz geschaffen. Er soll für eine Koordinierung mit den anderen immer noch auf verschiedene Ressorts (Ministerien) verteilten Umweltzuständigkeiten sorgen und hat die Planungen und Maßnahmen der obersten Landesbehörden im Bereich des Umweltschutzes aufeinander abzustimmen sowie seinerseits die Landesregierung in allen Fragen des Umweltschutzes zu beraten.

Die bisher für die Wahrnehmung staatlicher Belange im Naturschutz typisch gewesene Mitwirkung fachkundiger und engagierter Bürger wird außer durch die Beiräte fragmentarisch in der Form beibehalten, daß besondere Naturschutzverbände, deren Tätigkeit Bedeutung für das ganze Land hat, von dem zuständigen Minister als Landespflegeorganisation anerkannt werden können. Sie haben das Recht, in den Beiräten mitzuwirken, Landespflegemaßnahmen anzuregen und erforderlichenfalls die Erörterung dieser Maßnahmen mit der zuständigen Behörde zu verlangen. Diese Minimalregelung ist als rudimentärer Rest des ersten Regierungsentwurfs des Gesetzes übriggeblieben, in dem noch ein Klagerecht für die Verbände vorgesehen war. Die seinerzeit weitgehend öffentlich geführte Diskussion über die Einführung der (beschränkten) Verbandsklage hatte nämlich zum Ergebnis gehabt, daß eine Erweiterung des Mitspracherechtes von Bürgern oder Verbänden bei Akten der Verwaltung, die im eigenen Interesse handelt oder zumindest durch Eigeninteresse befangen sein kann, im Sinne einer objektiven Rechtskontrolle für die Kontrolle von (subjektiven) Ermessensentscheidungen nicht zugestanden wurde. In der Diskussion über die Verbandsklage spielte ferner eine große Rolle, daß ihr plebiszitäre Züge unterstellt und das Recht der Bürger abgestritten wurde, daß ihnen im Bereich des Naturschutzes subjektive Rechte zustehen. Diese wären andererseits die Voraussetzung, um zur Nachprüfung des Verwaltungshandelns gerichtliche Tätigkeit in Gang setzen zu können.

2.7 Finanzhilfen des Landes

Das Gesetz führt verschiedene Möglichkeiten und Verpflichtungen des Landes ein, für landespflegerische Aktivitäten finanzielle Förderung sicherzustellen.

Mit dem Landespflegegesetz Rheinland-Pfalz wurde, insgesamt gesehen, mehr als die erforderlich gewordene Fortschreibung der rechtlichen Regelungen des RNG vollzogen. Das Gesetz brachte gleichzeitig für die drei Bundesländer Hessen, Rheinland-Pfalz und Saarland neue Akzente und hat wie das HLG zu einem frühen Zeitpunkt die Weiterentwicklung des Naturschutzrechts in der Bundesrepublik entscheidend inspiriert und akzentuiert.

3. Die Folgen des Bundesnaturschutzgesetzes für die Gesetzgebung in Hessen, Rheinland-Pfalz und Saarland

3.1 Allgemeines

Mit Erlaß des Bundesnaturschutzgesetzes hat der Bund 1976, also mit einem Verzug von sechs Jahren (auf 1970 zurückgerechnet) bzw. mit einem Verzug von 18 Jahren (auf die Entscheidung des Bundesverfassungsgerichts vom 14. Oktober 1958 zurückgerechnet), von seiner Rahmenrechtskompetenz Gebrauch gemacht. Als entscheidend für die Verzögerung muß wohl einerseits die Tatsache angesehen werden, daß zunächst eine Rechtseinheitlichkeit gewahrt bleiben sollte, daß dann jedoch, verursacht durch die Initiativen einzelner Länder und die Einführung neuer Sachverhalte in die naturschutzrechtlichen Regelungen, ein Rahmengesetz erforderlich wurde.

Das BNatSchG steckt dabei mit Ausnahme der als unmittelbares Bundesrecht geltenden Vorschriften im wesentlichen den Rahmen ab, mit dem ein Minimum an Rechtseinheitlichkeit bei der Gesetzgebung der Länder gewahrt bleiben soll. Die wenigen unmittelbar geltenden Vorschriften des BNatSchG betreffen

- die Ziele und Grundsätze des Naturschutzes und der Landschaftspflege (§ 1 und § 2 BNatSchG)
- die Aufgaben der Behörden und öffentlichen Stellen sowie ihre gegenseitige Beteiligungspflicht
- das Zusammenwirken der Länder bei der Landschaftsplanung (§ 7 BNatSchG) und das Verfahren bei Beteiligung von Behörden des Bundes (§ 9 BNatSchG)
- die Beteiligung des Bundes bei der Erklärung zum Nationalpark (§ 12 Abs. 4 Satz 2)
- die Ermächtigungen für den Bund zum Erlaß von Verordnungen auf Teilgebieten des Artenschutzes (§ 22 Abs. 4, § 23, § 26 Abs. 2 BNatSchG)
- die Bereitstellung von Grundstücken der Gebietskörperschaften für die Erholung (§ 28 BNatSchG)
- die Mitwirkung von Verbänden (§ 29 BNatSchG)
- die Ordnungswidrigkeiten und Befreiungen (§ 30 und § 31 BNatSchG)
- die Änderung von Bundesgesetzen (§ 32 bis § 37 BNatSchG) sowie die Übergangs- und Schlußbestimmungen (§ 38 bis § 40 BNatSchG).

Die übrigen Bestimmungen sind Rahmenbestimmungen, die überwiegend Mindestregelungen betreffen, welche von den Ländern erweitert werden können. Einige Rahmenbestimmungen schließen jedoch aufgrund besonderer Bezeichnung diese Möglichkeit aus. So können die Länder z.B. über die im BNatSchG genannten Schutzgebiete und Schutzobjekte hinaus (Naturschutzgebiete, Nationalparke, Landschaftsschutzgebiete, Naturparke, Naturdenkmale, Geschützte Landschaftsbestandteile) keine weiteren Kategorien errichten, und sie können lediglich bei den Naturparken gemäß § 12 Abs. 4 Satz 1 vom BNatSchG abweichende Vorschriften zur inhaltlichen Festsetzung dieser Schutzkategorien erlassen. Das BNatSchG enthält ferner keine für den einzelnen Bürger unmittelbar geltenden Gebote oder Verbote. Diese bzw. Pflichten und Rechte sind erst durch Landesrecht zu schaffen. Den Ländern wurde hierfür und um ihr Landesrecht an das BNatSchG anzupassen, eine Frist von zwei Jahren (§ 4 BNatSchG) eingeräumt.

Rheinland-Pfalz hatte demnach sein Landespflegegesetz insoweit an das BNatSchG anzupassen, wie es dessen Regelungen nicht mehr entsprach. Hessen hatte ähnlich vorzugehen und sein Landschaftspflegegesetz durch ein Naturschutzgesetz abzulösen. Nur das Saarland, das bislang keine ländereigentümliche Sonderregelung herbeigeführt hatte, mußte ein völlig neues Landesnaturschutzgesetz erlassen.

Diese Forderungen wurden inzwischen erfüllt und das Ergebnis dieser Ländergesetzgebung liegt nunmehr vor. Es zeigt, daß alle drei Länder die im BNatSchG gegebenen Spielräume weidlich ausgenutzt haben, und es wird sich in Zukunft erweisen müssen, wie weit eine Auflösung des ehemals einheitlichen Naturschutzrechts eintritt und sich positiv oder negativ für die Sache auswirken wird.

Der erforderliche Spielraum ist durch das BNatSchG selbst gegeben. Er ist groß, denn nur die wenigen bereits genannten Bestimmungen sind unmittelbar geltendes Bundesrecht (siehe auch Tabelle 2). Die Länder haben diese Bestimmungen unterschiedlich übernommen, am weitgehendsten Rheinland-Pfalz und das Saarland, die durch die wörtliche Übernahme der Eingangsbestimmungen über Ziele und Grundsätze sowie die Aufgaben der Behörden in die Landesgesetze eine bürgerfreundliche Entscheidung fällten, denn der Benutzer der Gesetze braucht dieserhalb das BNatSchG nicht eigens zur Hand zu nehmen. Das Saarland hat dabei zusätzlich und ausgiebig von der Ermächtigung zur Aufstellung weiterer Grundsätze (19 Grundsätze statt 12) Gebrauch gemacht und ferner die Bestimmungen über die Bereitstellung von Grundstücken für die Erholung wörtlich übernommen (§ 28 BNatSchG = § 7 SNG), worauf das LPflG verzichtet hat. Das HENatG weist betreffs der Ziele und Grundsätze nur auf das BNatSchG hin und formuliert über § 2 Abs. 1 BNatSchG hinaus in den Allgemeinen Vorschriften fünf weitere Grundsätze. Zusätzlich hierzu wird verankert, daß zur Verwirklichung der bundes- und landesrechtlichen Grundsätze die wissenschaftliche Forschung im Bereich von Naturschutz und Landschaftspflege gefördert werden soll (§ 1 Abs. 2 HENatG). Der mit dem Novellierungsgesetz des Bundes vom 1. Juni 1980 in das BNatSchG neu eingeführte 13. Grundsatz wegen der Berücksichtigung des Denkmalschutzes fand in unseren drei Ländernaturschutzgesetzen keinen direkten Niederschlag, da diese Gesetze bereits lange vor der Novelle verkündet worden waren.

Die bereits bei der Übernahme der unmittelbar geltenden Bestimmungen des BNatSchG durch unsere drei Länder erkennbare Differenzierung wird bei den Rahmenbestimmungen noch deutlicher, denn die Rahmenregelungen sind durch das BNatSchG so minimal und die Zahl der grundlegenden Ermächtigungen für die Länder (über ein Dutzend!) so groß, daß selbst innerhalb unserer drei Bundesländer eine zunächst verwirrende Vielfalt dieser Bestimmungen entstehen mußte. Dies zeigt sich neben der unterschiedlichen Regelung einzelner Sachverhalte auch an den zur Regelung aufgenommenen unterschiedlichen Sachverhalten und selbst an der systematischen Gliederung der drei Ländergesetze (vgl. Tabelle 1).

Das HENatG und das SNG sind in 10 Abschnitte unterschiedlichen Inhalts gegliedert, das LPflG begnügt sich mit nur sieben Abschnitten. Während man beispielsweise die Bestimmungen über die Duldungspflicht im BNatSchG und im LPflG unter den allgemeinen Bestimmungen findet (LPflG § 8), stehen sie im HENatG (§ 37) und im SNG (§ 35) in ganz anderen Abschnitten. Der freie Zugang zu den Gewässern ist im LPflG (§ 13) und im SNG (§ 6) jeweils im Abschnitt Allgemeines, im HENatG hingegen gar nicht entsprechend geregelt. Selbst bei der Anwendung flächenbezogener Schutzkategorien (wo der Bund sein Rahmenrecht nicht ausgeschöpft hat) gibt es beachtenswerte Unterschiede.

Von der Ermächtigung zur Sonderregelung betreffs der Naturparke als Schutz- oder Planungskategorie (§ 12 Abs. 4 Satz 1) haben alle drei Länder jeweils unterschiedlich Gebrauch gemacht. Das HENatG verweist einfach auf das Hessische Forstgesetz. Das SNG behandelt die Naturparke als Planungskategorie und will lediglich die Kernzonen der Naturparke als Landschaftsschutzgebiete oder als Naturschutzgebiete ausgewiesen wissen, während das LPflG in den Naturparken besondere Landschaftsschutzgebiete sieht, wenn es heißt: „Naturparke sind großräumige Landschaftsschutzgebiete" (§ 19). Zusätzlich (§ 19 Abs. 4 LPflG) wird festgesetzt, daß ein Naturpark eine rechtsfähige Organisation zum Träger haben muß, eine Bestimmung, auf die das BNatSchG und das SNG verzichten.

3.2 Landschaftsplanung

Die Landschaftsplanung ist dasjenige Planungsinstrument des Naturschutzes, mit dem der Naturschutz (einschließlich Landschaftspflege und Grünordnung) seinen Beitrag zur Raumordnung, d.h. zur räumlichen Gesamtentwicklung auf der Ebene der Bundesrepublik, der Länder und ihrer Regionen sowie auf kommunaler Ebene liefert. Auch das Artenschutzprogramm gehört hierzu (§ 5 Abs. 1 BNatSchG). Daneben bestehen weitere Naturschutzplanungen, die jedoch nur den Rang von Fachplanungen haben wie z.B. die Pflegeplanung für Schutzgebiete und Schutzobjekte (Erstellung von Pflegeplänen), die landespflegerische (bzw. landschaftspflegerische Begleitplanung) zu anderen Fachplanungen usw.

Dementsprechend hatten das HLG und das LPflG bereits 1973 die Naturschutzplanung mit entsprechenden Vorschriften aufgenommen.

Wie in diesen Gesetzen und im STEINschen Entwurf für ein Bundesnaturschutzgesetz behält die Naturschutzplanung im BNatSchG die systematische Bezeichnung Landschaftsplanung. Ebenso wird ihre Mehrstufigkeit (Landschaftsprogramm einschließlich Artenschutzprogramm, Landschaftsrahmenplan, Landschaftsplan) beibehalten.

Das BNatSchG greift in einem eigenen Abschnitt (§§ 5 - 7) die Rahmenvorschrift auf, daß die überörtlichen Erfordernisse und Maßnahmen zur Verwirklichung der Ziele des Naturschutzes und der Landschaftspflege, unter Beachtung der Grundsätze und Ziele der Raumordnung und Landesplanung für den Bereich eines Landes, in Landschaftsprogrammen einschließlich Artenschutzprogrammen oder für Teile eines Landes in Landschaftsrahmenplänen sowie die örtlichen Erfordernisse und Maßnahmen in Landschaftsplänen mit Text, Karte und zusätzlicher Begründung dargestellt werden sollen.

Inhaltliche Anforderungen werden insbesondere an die auf die untere Planungsebene gehörenden Landschaftspläne gestellt. Für sie wird das Kriterium der Verwendbarkeit des Landschaftsplanes für die Bauleitplanung festgesetzt. Schließlich wird sogar eine unmittelbar geltende Bestimmung aufgenommen, die das Zusammenwirken der Länder bei länderübergreifenden Erfordernissen der Landschaftsplanung (§ 7 BNatSchG) gewährleisten soll.

Demgegenüber bleibt es den Ländern vorbehalten (§ 6 Abs. 4 BNatSchG), die für die Aufstellung der Landschaftsplanung zuständigen Behörden und öffentlichen Stellen zu bestimmen sowie das Verfahren und die Verbindlichkeit der Landschaftsplanung selbständig zu regeln. Das gilt für alle Planungsebenen, und es ist schon jetzt festzustellen, daß die Umsetzung dieser und der anderen Rahmenvorschriften des BNatSchG in die Gesetzgebung der Länder sowohl in bezug auf ihre Verbindlichkeit als auch nach ihren Inhalten recht unterschiedlich erfolgt ist.

Die Umsetzung ist zudem ohnehin und von vornherein mit besonderen Schwierigkeiten behaftet, weil durch bundesrechtliche Regelungen, nämlich durch das Bundesbaugesetz, die Verfahrensinhalte und die Rechtsverbindlichkeit für Planungen auf der Ebene der Gemeinden abschließend geregelt sind. Es wird also hier kein „Leerraum" vorgefunden, der lediglich des Ausfüllens bedarf.

Wenn im Bundesbaugesetz zwar bestimmt wird, daß auf die Belange des Naturschutzes und der Landschaftspflege Rücksicht zu nehmen ist, so reicht dies dennoch nicht aus, um den planerischen Stellenwert des Landschaftsplanes ausreichend verbindlich zu verankern, weil er seinem Wesen nach eigentlich zur Grundlage der vorbereitenden und der verbindlichen Bauleitplanung zu machen ist und nicht umgekehrt. Das gilt mit gewissen Einschränkungen auch für den Grünordnungsplan.

Eine bundeseinheitliche Entscheidung wäre sicher von großem Vorteil gewesen. Sie hätte entweder im BNatSchG, im Zuge einer Novellierung des Bundesbaugesetzes oder zwischenzeitlich durch ein besonderes Gesetz erfolgen können, wie dies in einem anderen Fall durch das Novellierungsgesetz zur Berücksichtigung des Denkmalschutzes im Bundesrecht vom 1. Juni 1980 geschah.

Eine unmittelbare Verbindlichkeit der Landschaftsplanung für den einzelnen Bürger ist nur dann gegeben, wenn sie als Rechtsnorm (Gesetz, Rechtsverordnung, öffentliche Satzung) erlassen wurde. Im Gegensatz zu den Bundesländern Berlin, Hamburg und Nordrhein-Westfalen, wo diese Voraussetzung für Landschafts- und Grünordnungspläne Gültigkeit erhalten hat, haben die Länder Hessen, Rheinland-Pfalz und das Saarland andere Wege beschritten. Sie beschränken sich darauf (wie die übrigen Bundesländer), die Landschaftsplanung lediglich in die Bauleitplanung „einfließen" zu lassen.

Am weitgehendsten geschieht dies z.Zt. in Rheinland-Pfalz, wo die Aufgabenstellung der Landschaftsplanung durch die Bauleitplanung wahrgenommen wird. Sofern erforderlich, sind der Landschaftsplan im Flächennutzungsplan darzustellen und der Grünordnungsplan im Bebauungsplan festzusetzen (§ 17 LPflG). Die Hessische Regelung ist ähnlich; danach sind die Landschaftspläne als Darstellungen oder Festsetzungen nach Anhörung der oberen Naturschutzbehörde in die Bauleitpläne aufzunehmen (§ 4 Abs. 2 und 3 HENatG). Die Aufstellung des Landschaftsplanes ist in Hessen verbindlich. Sie erfolgt durch die Träger der Bauleitplanung unter Beteiligung der Landesanstalt für Umwelt. Nur in Ausnahmefällen kann auf den Landschaftsplan verzichtet werden. Die Entscheidung dazu trifft die untere Naturschutzbehörde. In der Praxis kann diese Bestimmung nur zur Folge haben, daß Bauleitpläne ohne zugehörigen Landschaftsplan nicht mehr genehmigungsfähig sind, es sei, daß der Verzicht gemäß § 4 Abs. 1 Satz 4 und Satz 5 festgestellt worden ist. Im Saarland ist lediglich der Inhalt der Landschaftspläne zu beachten und zu übernehmen, und dies bleibt auf den Bebauungsplan beschränkt (§ 9 Abs. 7 Satz 3 und 4 SNG).

Wie sich der Vollzug des Verwaltungshandelns und der Planung auf der Gemeindeebene in Hinblick auf die Integration und Verbindlichkeit der Landschaftsplanung im Rahmen der Bauleitplanung weiterentwickelt, bleibt abzuwarten. Wenn es zu keiner weitgehenden bundeseinheitlichen Bestimmung kommt, bleibt immerhin noch der Weg über die Aufsichtsfunktion der höheren Verwaltungsinstanz offen, die zu prüfen und darüber zu entscheiden hat, ob in den von ihr zu beurteilenden Bauleitplänen die Belange des Naturschutzes und der Landschaftspflege gemäß Bundesbaugesetz und die Erfordernisse der Landschaftsplanung gemäß Naturschutzgesetzgebung in dem dort abgesteckten Umfang erfüllt sind oder nicht.

Andere Verhältnisse liegen für die übergeordneten Planungsebenen, also für die Landschaftsprogramme und die Landschaftsrahmenpläne vor. Für sie hat der Bundesgesetzgeber festgesetzt, daß sie zusammen mit anderen raumbedeutsamen Planungen und Maßnahmen nach Maßgabe der landesplanungsrechtlichen Vorschriften der Länder in die Programme und Pläne im Sinne des § 5 Abs. 1 Satz 1 und Satz 2 sowie Absatz 3 des Bundesraumordnungsgesetzes aufgenommen werden. Die Landschaftsplanung dieser landesweiten bzw. regionbezogenen Planungsebenen soll demnach ihre rechtliche Verbindlichkeit vorwiegend aufgrund landesplanungsrechtlicher Vorschriften erhalten.

Einerseits soll damit sichergestellt werden, daß auf diesen oberen Ebenen die Landschaftsplanung (Landschaftsprogramm und Landschaftsrahmenplan) sowie Raumordnung und Landesplanung unmittelbare Abstimmung und Integration erfahren, um die notwendige Koordination zu gewährleisten. Andererseits kommt in dieser Zuordnung deutlich zum Ausdruck, daß der Landschaftsplanung nicht der Rang einer untergeordneten Fachplanung oder Begleitplanung zugewiesen wird, sondern daß sie neben die Raumordnung und Landesplanung gestellt wird. Diese Einstufung entspricht ihrer allgemeinen Bedeutung in gesellschaftspolitischer Hinsicht.

Die den neuen Naturschutzgesetzen vorausgegangene Gesetzgebung der Raumordnung und Landesplanung hatte diese Tatsache bereits berücksichtigt und vorbereitet. So finden sich im Bundesraumordnungsgesetz dementsprechende Grundsätze für Raumordnung und Landesplanung (§ 2: Schutz und Pflege der Landschaft). Das 1966 erlassene Landesplanungsgesetz von Rheinland-Pfalz enthält sogar in ausführlichem Umfang solche Grundsätze (§ 2 Nr. 10 und Nr.

11), die bis in programmatische Zielbestimmungen für eine Landschaftsplanung hineinreichen und sich punktuell in der späteren Naturschutzgesetzgebung bei den Vorschriften für die Landschaftsplanung wiederfinden lassen. Dazu gehören Zielsetzungen wie: die nachhaltige Leistungsfähigkeit der Landschaft zu sichern und zu verbessern, die Zersiedlung der Landschaft zu verhindern, Waldungen im Interesse von Klima, Wasserhaushalt und Erholung neben der forstlichen Nutzung zu berücksichtigen usw. Auch der Begriff Naturpark als großräumiges Landschaftsschutzgebiet tritt im Landesplanungsgesetz Rheinland-Pfalz zum ersten Mal in einem Gesetz auf.

3.3 Mitwirkung der Bürger

Sehr beachtlich selbständige Wege sind die drei Länder betreffs der Mitwirkung der Bürger am Vollzug und zur Kontrolle des Vollzugs der Naturschutzgesetze gegangen. Rheinland-Pfalz ist bei seinem Verfahren geblieben, unabhängige Beiräte auf allen Ebenen der Verwaltung zu bilden, hat jedoch, dem unmittelbar geltenden Bundesrecht (§ 29 BNatSchG) entsprechend, die im BNatSchG verankerte weitgehende Mitwirkung der Verbände ebenso eingeführt wie Hessen. Für die Tätigkeit auf der unteren Verwaltungsebene wurden in Rheinland-Pfalz ferner Beauftragte für Landespflege eingerichtet (§ 34 LPflG). Diese entsprechen nicht den ehemaligen Naturschutzbeauftragten als Geschäftsführer einer Naturschutzstelle, sondern sind eher als Sonderbeauftragte aufzufassen, die ihre Behörde über Veränderungen in der Landschaft unterrichten und beraten. Sie können Mitglied des Beirates sein oder auch nicht. In Hessen sind sie hingegen Mitglied des Beirates (§ 34 Abs. 4 HENatG), oder sie werden Mitglied, wenn der Beirat sie zu Beauftragten gewählt hat.

Darüber hinaus hat Hessen eine „Landschaftswacht“ eingerichtet, zu der auch freiwillige Helfer herangezogen werden können (§ 31 HENatG). Im Saarland wurde hingegen eine Form des „Beauftragten für Naturschutz“ geschaffen, der wesentliche Aufgaben des früheren Naturschutzbeauftragten beibehalten hat und dem das Recht eingeräumt ist, von den zuständigen Behörden auf Verlangen gehört zu werden. Es gibt diesen Naturschutzbeauftragten bei allen Naturschutzbehörden.

Schließlich ist zu dem Gesamtkomplex der Mitwirkung von Bürgern am Vollzug der Gesetze noch die unterschiedliche Stellung der Beiräte zu nennen (vergl. LORENZ 1980). Während in Rheinland-Pfalz und im Saarland lediglich festgelegt ist, daß diese Beiräte die Behörden zu beraten haben und der Förderung des allgemeinen Verständnisses für die Landespflege bzw. für den Naturschutz und die Landschaftspflege dienen sollen, haben sie in Hessen zusätzlich die Naturschutzbehörden in allen Angelegenheiten des Naturschutzes zu unterstützen (§ 34 HENatG). Mindestens die Hälfte der Beiratsmitglieder wird in Hessen auf Vorschlag der Verbände berufen, die nach § 29 BNatSchG anerkannt sind.

Es handelt sich hier um mehr als nur nuancierte Nebensächlichkeiten. Das kommt besonders in der Einführung des Klagerechtes in Naturschutzangelegenheiten in Hessen (§ 36 HENatG) zum Ausdruck, die wohl als der bedeutendste Rechtsfortschritt dieses Sachbereichs angesehen werden muß. Dem Klagerecht sind allerdings Beschränkungen auferlegt, die dem verfassungsrechtlichen und rechtsstaatlichen Rahmen dieses neuen Rechtstitels angemessen sind.

3.4 Weitere Sachverhalte

Die angeführten Beispiele für unterschiedliche Inhalte der aufgenommenen Bestimmungen lassen sich fast beliebig vermehren. Insbesondere gilt das für die Verankerung der Landschaftsplanung und ihre Rechtsverbindlichkeit sowie die nicht als unmittelbar geltendes Bundesrecht festgesetzte Regelung des „Eingriffs in die Landschaft“.

Dennoch zeigt die Gegenüberstellung der drei Ländergesetze, daß trotz der weitgehenden Ermächtigungen für die Länder ein Minimum an Übereinstimmung der geregelten Materie erhalten geblieben ist. Beachtlich sind jedoch noch weitere Bestimmungen, die einzelne der drei Länder teils aus den vorausgegangenen Gesetzen übernommen, teils neu eingeführt haben, so daß auch hier unterschiedliche Rechtsverhältnisse entstanden sind. Hierzu gehören:

- Festsetzung einer allgemeinen Verpflichtung zur Landespflege (§ 4 SNG)
- Beschränkung der Verwendung chemischer Mittel in Natur und Landschaft (§ 7 LPflG, § 17 SNG)
- Offenhaltung der Landschaft (§ 9 HENatG, § 9 LPflG)
- Pflegepflicht im Siedlungsbereich (§ 11 BNatSchG, § 9 Abs. 2 HENatG, § 10 LPflG = SNG)
- Besondere Verbote zum Schutz bestimmter Biotope (§ 23 HENatG, § 24 Abs. 2 Nr. 4, 5 und 6 LPflG)
- Besondere Bestimmungen für wasserwirtschaftliche Planungen und Maßnahmen (§ 16 SNG, § 23 Abs. 1 Nr. 6 HENatG)
- Kennzeichnung von Wanderwegen (§ 10 HENatG, § 12 LPflG)
- Gemeingebrauch von Gewässern (§ 14 LPflG)
- Interministerieller Ausschuß (§ 31 LPflG)
- Vertrauensleute für den Vogelschutz (§ 33 HENatG)
- Landschaftswacht (§ 31 HENatG)
- Klagerecht der Verbände (§ 36 HENatG)
- Finanzhilfen des Landes (§ 42 LPflG)
- Stiftung Naturschutz (§ 43 LPflG)
- Vorkaufsrecht von Gemeinden, Kreisen, Land (§ 36 SNG, § 40 HENatG)
- Einschränkung von Grundsätzen (§ 40 SNG).

Bei den Naturschutzgesetzen der drei Länder Hessen, Rheinland-Pfalz und Saarland sind betreffs der Regelungen für die oberen Planungsstufen der Landschaftsplanung (nach § 5 BNatSchG) die folgenden Besonderheiten beachtenswert:

Hessen verzichtet in seinem HENatG (§ 3) auf die Wiederholung bzw. auf eine inhaltliche Ausfüllung von § 5 BNatSchG in bezug auf das Landschaftsprogramm und beschränkt sich hier auf Vorschriften für die Landschaftsrahmenplanung. Diese sind allerdings weitgehend. Die Träger der Regionalplanung stellen die Landschaftsrahmenpläne als Bestandteile der regionalen Raumordnungspläne auf. Die Raumordnungspläne sind gleichzeitig Grundlage für die Landschaftspläne in der Bauleitplanung (§ 4 Abs. 1 Satz 1 HENatG). Es gibt also eine Verbindlichkeit im Planungszug von oben nach unten.

Rheinland-Pfalz bezeichnet sein Landschaftsprogramm weiterhin als Landespflegeprogramm. Der Zusatz „einschließlich Artenschutzprogramm“ wird aus dem BNatSchG übernommen (§ 15 LPflG). Das Landespflegeprogramm wird von der obersten Landespflegebehörde aufgestellt und nach § 11 des Landesplanungsgesetzes Bestandteil des Landesentwicklungsprogramms. Auf besondere inhaltliche Ausfüllungen wird verzichtet. Für die Landschaftsrahmenpläne sind in Rheinland-Pfalz die oberen Landespflegebehörden bei den Bezirksregierungen zuständig, die die Pläne unter Beteiligung der berührten Behörden und der regionalen Planungsgemeinschaften erarbeiten und den regionalen Planungsgemeinschaften zur Beschlußfassung zuleiten. In dem Verfahren nach § 13 Landesplanungsgesetz werden sie zum Bestandteil der regionalen Raumordnungspläne gemacht.

Das SNG übernimmt in § 8 den Wortlaut von § 5 Abs. 1 BNatSchG. Anschließend entwickelt es Verfahrensgrundsätze und inhaltliche Anforderungen außer für das Artenschutzprogramm. Zuständig für die Aufstellung des Landschaftsprogramms einschließlich Artenschutzprogramm sowie für die Aufstellung der Landschaftsrahmenpläne ist die oberste Naturschutzbehörde.

Auf die Mitwirkung der Gemeinden und Gemeindeverbände wird besonders Rücksicht genommen. Landschaftsprogramm und Landschaftsrahmenpläne werden gesondert bekanntgemacht. Sie sind von allen Planungsträgern zu beachten (§ 8 Abs. 1 Nr. 6 und Nr. 7 SNG).

3.5 Abstriche

In mancherlei Hinsicht hat das BNatSchG nicht die erwarteten zeitgemäßen Festsetzungen gebracht, und es bleibt abzuwarten, ob und wann die notwendigen Novellierungen erfolgen können. Hie und da mußten die in der Gesetzgebung vorangegangenen Länder auch Abstriche hinnehmen. So haben Hessen und Rheinland-Pfalz z.B. mit der Novellierung ihrer Gesetze die Definition von Eingriffen wesentlich zurückgesetzt. Galt früher als Eingriff eine Einwirkung oder eine Nutzungsänderung, die den Landschaftshaushalt beeinträchtigte, so wurde jetzt die einschlägige Bestimmung des BNatSchG übernommen. Danach gelten als Eingriff in die Landschaft nur noch Veränderungen der Gestalt oder der Nutzung von Grundflächen mit nachhaltigen Folgen für die Leistungsfähigkeit des Naturhaushaltes oder für das Landschaftsbild. Einwirkungen, die das Gleiche zur Folge haben, ohne daß eine Veränderung der Gestalt oder der Nutzung vorliegt, gelten nur noch dann als Eingriff, wenn sie auf einen der im Gesetz aufgeführten besonders schwerwiegenden Beispielsfälle zutreffen.

Bedauerlicherweise hat der Bundesgesetzgeber auch keine ausreichende Regelung in bezug auf wichtige, seiner Kompetenz unterliegende Bereiche wie Verteidigung, Fernmeldewesen usw. getroffen, mit denen Konkurrenz zum Naturschutz besteht. Es bleibt zu befürchten, daß hier eine Privilegierung geschaffen wurde, die sogar hinter den Regelungen des alten RNG (§ 6 RNG) zurückbleibt.

In ähnlicher Weise muß gegenwärtig ebenfalls noch die Anwendung der sog. Landwirtschaftsklausel beurteilt werden. Sie stellt an mehreren Stellen des BNatSchG (§ 1 Abs. 3, § 8 Abs. 7, § 22 Abs. 3), wenn auch in unterschiedlicher Weise klar, daß die ordnungsgemäße Land- und Forstwirtschaft als den Zielen des Naturschutzgesetzes dienend und daher nicht als Eingriff in die Landschaft anzusehen ist. Schließlich sei angemerkt, daß Rheinland-Pfalz im Zuge der Novellierung seines Landespflegegesetzes die Landespflegebereiche wieder abgeschafft hat, nachdem das BNatSchG hierfür keinen Spielraum mehr ließ.

4. Ausblick

Mit dem Erlaß des Bundesnaturschutzgesetzes, der Novellierung des Landespflegegesetzes Rheinland-Pfalz und dem Erlaß der Naturschutzgesetze von Hessen und des Saarlandes kann die mit dem Europäischen Naturschutzjahr eingeleitete Gesetzgebungsphase im Sachbereich Naturschutz und Landschaftspflege bzw. Landespflege vorerst als abgeschlossen angesehen werden.

Nicht alle hochgespannten Erwartungen sind in Erfüllung gegangen. Ebenfalls sind bei weitem noch nicht die aus den Gesetzen herzuleitenden Konsequenzen gezogen worden. Sie liegen einerseits in dem Erfordernis, die in den Gesetzen festgesetzten weitergehenden Regelungen auf dem Wege über die notwendigen Erlasse, Verordnungen usw. herbeizuführen. Andererseits verlangt der sachgerechte Vollzug der Gesetze nach einer entsprechenden Ausstattung der Naturschutz behörden bzw. der Landespflegebehörden mit Fachpersonal und Sachmitteln. Das Zusammenwirken all dieser Einzelfaktoren ist für die Weiterentwicklung eine wichtige Voraussetzung und die Grundlage einer leistungsfähigen Verwaltung. Darüber hinaus haben sich auch die Bürger im Rahmen der von ihnen durch die Gesetze geforderten neuen Form der Mitwirkung am Vollzug der Gesetze neu zu orientieren. Und schließlich ist mit Sicherheit auch damit zu rechnen, daß die Rechtsentwicklung rasch weitergehen wird und einige Anpassungen der Gesetzeslage an diese Entwicklungen folgen werden, bevor die endgültige Feststellung getroffen werden kann, daß die inzwischen rund 10 Jahre laufende neue Gesetzgebung auf dem Gebiet der Landespflege zu einem Abschluß gekommen ist.

5. Literatur

EMONDS, G. und KOLODZIEJCOCK, K.-G.: Grundzüge des neuen Bundesnaturschutzgesetzes. In: Natur und Landschaft, 52 (2), und ADIZ, **11** (8): 238-242, St. Augustin 1977.

GAEDE, K.-U.: Entwicklung des Naturschutzrechts. In: Jb. Natursch. Landschaftspfl., **21**: 90-95, Bonn-Bad Godesberg 1972

LORENZ, H.: Das Recht der Beiräte für Landespflege in Rheinland-Pfalz. POLLICHIA-Sonderdruck, **2**: 1-32, Bad Dürkheim 1980.

LORZ, A.: Naturschutz, Tierschutz, Jagdrecht. München und Berlin 1961.

PREUSS, G.: Naturschutz als Bildungsproblem. In: Schriftenreihe Landschaftspflege Naturschutz, **6**: 11-17, Bonn-Bad Godesberg 1971.

STEIN, E.: Entwurf eines Bundesgesetzes für Landschaftspflege und Naturschutz (Landespflegegesetz). Verhandl. ABN, **20**: 1-52 (Sonderdruck), Bonn-Bad Godesberg 1971.

Übersichtstabelle 1 *Gegenüberstellung des Bundesnaturschutzgesetzes und der in den Ländern Hessen, Rheinland-Pfalz und Saarland geltenden Gesetze über Naturschutz und Landschaftspflege*

	Bundesrepublik Deutschland Bundesnaturschutzgesetz – BNatSchG vom 20. Dez. 1976	*Hessen* Hessisches Naturschutzgesetz – HENatG vom 19. Sept. 1980	*Rheinland-Pfalz* Landespflegegesetz – LaPflG vom 14. Juni 1973, geändert am 21. Dez. 1978, Fassung v. 5. Feb. 1979	*Saarland* Saarländisches Naturschutzgesetz SNG vom 31. Januar 1979
	I. Allgemeine Vorschriften	*I. Grundsätze zur Verwirklichung des Naturschutzes und der Landschaftspflege*	*I. Allgemeines*	*I. Allgemeine Vorschriften*
§ 1	Ziele des Naturschutzes und der Landschaftspflege	Allgemeine Vorschriften	Ziele des Naturschutzes und der Landschaftspflege (Landespflege)	Ziele des Naturschutzes und der Landschaftspflege
§ 2	Grundsätze des Naturschutzes und der Landschaftspflege	Beteiligung der Behörden, Abwägungsgrundsatz	Grundsätze des Naturschutzes und der Landschaftspflege	Grundsätze des Naturschutzes und der Landschaftspflege
		II. Landschaftsplanung		
§ 3	Aufgaben der Behörden und öffentlichen Stellen	Landschaftsrahmenplan	Verpflichtung zur Landespflege	Verpflichtung der Behörden und öffentlichen Stellen zu Naturschutz und Landschaftspflege
§ 4	Vorschriften für die Landesgesetzgebung	Landschaftsplan	Eingriffe in Natur und Landschaft	Allgemeine Pflicht
	II. Landschaftsplanung	*III. Allgemeine Schutz-, Pflege- und Entwicklungsmaßnahmen*		
§ 5	Landschaftsprogramme und Landschaftsrahmenpläne	Eingriffe in Natur und Landschaft	Zulässigkeit, Folgen und Ausgleich von Eingriffen	Betreten der Flur
§ 6	Landschaftspläne	Genehmigung von Eingriffen	Verfahren bei Eingriffen	Freier Zugang zu den Gewässern
§ 7	Zusammenwirken der Länder bei der Planung	Genehmigungsbehörde	Verwendung chemischer Mittel	Bereitstellung von Grundstücken
	III. Allgemeine Schutz-Pflege- und Entwicklungsmaßnahmen			*II. Landschaftsplanung*
§ 8	Eingriffe in Natur und Landschaft	Ungenehmigte Eingriffe	Duldungspflicht	Landschaftsprogramm und Landschaftsrahmenpläne
§ 9	Verfahren bei Beteiligung von Behörden des Bundes	Pflege von Grundstücken	Offenhaltung der Landschaft	Landschaftspläne
				III. Sicherung, Pflege und Gestaltung der Landschaft
§ 10	Duldungspflicht	Betreten der Flur, Reiten und Kutschfahren in der Flur	Pflegepflicht im Siedlungsbereich	Eingriff in Natur und Landschaft

(Fortsetzung nächste Seite)

Übersichtstabelle 1 (Fortsetzung)

	Bundesrepublik Deutschland Bundesnaturschutzgesetz - BNatSchG vom 20. Dez. 1976	*Hessen* Hessisches Naturschutzgesetz - HENatG vom 19. Sept. 1980	*Rheinland-Pfalz* Landespflegegesetz - LaPflG vom 14. Juni 1973, geändert am 21. Dez. 1978, Fassung v. 5. Feb. 1979	*Saarland* Saarländisches Naturschutzgesetz SNG vom 31. Januar 1979
		IV. Schutz, Pflege und Entwicklung bestimmter Teile von Natur und Landschaft		
§ 11	Pflegepflicht im Siedlungsbereich	Allgemeine Vorschriften	Betreten der Flur	Unzulässigkeit und Ausgleich von Eingriffen
	IV. Schutz, Pflege und Entwicklung bestimmter Teile von Natur und Landschaft			
§ 12	Allgemeine Vorschriften	Naturschutzgebiete	Kennzeichnung von Wanderwegen	Verfahren bei Eingriffen im Allgemeinen
§ 13	Naturschutzgebiete	Landschaftsschutzgebiete	Freier Zugang zu Gewässern	Verfahren bei Eingriffen aufgrund von Fachplänen
§ 14	Nationalparke	Naturdenkmale	Gemeingebrauch an Gewässern	Verfahren bei Eingriffen durch Behörden
			II. Landespflegerische Planung	
§ 15	Landschaftsschutzgebiete	Geschützte Landschaftsbestandteile	Landespflegeprogramm	Verfahren bei Beteiligung von Behörden des Bundes
§ 16	Naturparke	Ausweisungsverfahren	Landschaftsrahmenpläne	Gewässer
§ 17	Naturdenkmale	Schutzvorschriften, Pflegepläne	Landschaftsplanung in der Bauleitplanung	Verwendung chemischer Mittel
			III. Schutz von Flächen und natürlichen Bestandteilen	*IV. Schutz, Pflege und Entwicklung bestimmter Teile von Natur und Landschaft*
§ 18	Geschützte Landschaftsbestandt.	Einstweilige Sicherstellung	Landschaftsschutzgebiete	Naturparke
§ 19	Kennzeichnung und Bezeichn.	Register	Naturparke	Naturschutzgebiete
	V. Schutz und Pflege wildwachsender Pflanzen und wildlebender Tiere			
§ 20	Allgemeine Vorschriften	Bereitstellung von Grundstücken zu Zwecken des Naturschutzes und der Landschaftspflege	Geschützte Landschaftsbestandteile	Landschaftsschutzgebiete

	Bundesrepublik Deutschland Bundesnaturschutzgesetz – BNatSchG vom 20. Dez. 1976	*Hessen* Hessisches Naturschutzgesetz – HENatG vom 19. Sept. 1980	*Rheinland-Pfalz* Landespflegegesetz – LaPflG vom 14. Juni 1973, geändert am 21. Dez. 1978, Fassung v. 5. Feb. 1979	*Saarland* Saarländisches Naturschutzgesetz SNG vom 31. Januar 1979
		V. Schutz und Pflege wildwachsender Pflanzen und wildlebender Tiere		
§ 21	Allgemeiner Schutz von Pflanzen und Tieren	Allgemeine Vorschriften	Naturschutzgebiete	Geschützte Landschaftsbestandteile
§ 22	Besonders geschützte Pflanzen und Tiere	Allgemeiner Schutz von Pflanzen und Tieren	Naturdenkmale	Naturdenkmale
§ 23	Sonstige Ermächtigungen des Bundesministers	Schutz besonderer Lebensräume	Kennzeichnung und Bezeichnungen	Einstweilige Sicherstellung
§ 24	Tiergehege	Besonders geschützte Pflanzen und Tiere	Schutz von Pflanzen und Tieren	Kennzeichnung und Schutz der Kennzeichnung und Bezeichnung
				V. Schutz und Pflege von Pflanzen und Tieren
§ 25	Schutz von Bezeichnungen	Schutzvorschriften	Besonders geschützte Pflanzen und Tiere	Grundsatz
§ 26	Ländervorbehalt	Buchführungspflicht	Tiergehege	Allgemeiner Schutz der Pflanzen und Tiere
	VI. Erholung in Natur und Landschaft			
§ 27	Betreten der Flur	Einbürgerung von Pflanzen- und Tierarten	Einstweilige Sicherstellung	Besonders geschützte Pflanzen und Tiere
§ 28	Bereitstellung von Grundstücken	Kennzeichnung von Tieren	Verfahren zur Unterschutzstellung	Sonstige Vorschriften
	VII. Mitwirkung von Verbänden, Ordnungswidrigk. und Befreiungen			
§ 29	Mitwirken von Verbänden	Tiergehege	Register für die Schutzobjekte	Tiergehege
		VI. Naturschutzbehörden und Naturschutzbeiräte	*IV. Organisation, Zuständigkeiten, Befugnisse*	Organisation, Zuständigkeiten, Verfahren
§ 30	Ordnungswidrigkeiten	Naturschutzbehörden	Landespflegebehörden	Naturschutzbehörden
§ 31	Befreiungen	Landschaftsüberwachungsdienst	Interministerieller Ausschuß für Umweltschutz	Beauftragte für Naturschutz
				(Fortsetzung nächste Seite)

Übersichtstabelle 1 (Fortsetzung)

	Bundesrepublik Deutschland Bundesnaturschutzgesetz – BNatSchG vom 20. Dez. 1976	*Hessen* Hessisches Naturschutzgesetz – HENatG vom 19. Sept. 1980	*Rheinland-Pfalz* Landespflegegesetz – LaPflG vom 14. Juni 1973, geändert am 21. Dez. 1978, Fassung v. 5. Feb. 1979	*Saarland* Saarländisches Naturschutzgesetz SNG vom 31. Januar 1979
	VIII. Änderung von Bundesgesetzen			
§ 32	Änderung des Schutzbereichgesetzes	Überwachung von Verboten des Artenschutzes	Landesamt für Umweltschutz	Beiräte für Naturschutz
§ 33	Änderung des Landbeschaffungsgesetzes	Beratung auf dem Gebiet des Vogelschutzes	Beiräte	Förmliches Verfahren vor Erlaß von Rechtsverordnungen
				VI. Anwendung des Gesetzes in besonderen Fällen, Befreiungen, bes. Verpflicht. der Eigentümer usw.
§ 34	Änderung des Bundesleistungsgesetzes	Naturschutzbeiräte	Beauftragte für Landespflege	Anwendung des Gesetzes in besonderen Fällen, Befreiungen
		VII. Beteiligung der anerkannten Verbände in Verfahren, Klagerecht		
§ 35	Änderung des Raumordnungsgesetzes	Beteiligung der anerkannten Verbände in Verwaltungsverfahren	Anzeigepflicht	Duldungspflicht, Untersuchungen auf Grundstücken
				VII. Vorkaufsrecht, Entschädigung
§ 36	Änderung des Bundeswasserstraßengesetzes	Klagerecht in Naturschutzangelegenheiten	Landespflegerische Untersuchungen	Vorkaufsrecht
		VIII. Beschränkung von Rechten		
§ 37	Änderung des Luftverkehrsgesetzes	Duldungspflicht	Befugnisse anerkannter Landespflegeorganisationen	Entschädigung
	IX. Übergangs- u. Schlußbestimm.			*VIII. Bußgeldbestimmungen*
§ 38	Übergangsvorschrift für besondere Fälle	Enteignung und Entschädigung	Befreiungen	Ordnungswidrigkeiten
§ 39	Berlinklausel	Sonstige entschädigungspflichtige Maßnahmen	Enteignung und Entschädigung	Einziehungen

	Bundesrepublik Deutschland Bundesnaturschutzgesetz - BNatSchG vom 20. Dez. 1976	*Hessen* Hessisches Naturschutzgesetz - HENatG vom 19. Sept. 1980	*Rheinland-Pfalz* Landespflegegesetz - LaPflG vom 14. Juni 1973, geändert am 21. Dez. 1978, Fassung v. 5. Feb. 1979	*Saarland* Saarländisches Naturschutzgesetz SNG vom 31. Januar 1979
			V. Bußgeldbestimmungen	*IX. Übergangs- und Schlußvorschriften*
§ 40	Inkrafttreten	Vorkaufsrecht	Ordnungswidrigkeiten	Grundrechtseinschränkung
§ 41		Kostentragung des Verursachers	Einziehung	Aufhebung und Fortgeltung von Rechtsvorschriften
			VI. Förderung durch das Land	
§ 42		Geschützte Kennzeichen	Finanzhilfen des Landes	Änderung von Rechtsvorschriften
		IX. Ahndungsvorschriften		
§ 43		Bußgeldvorschriften	Stiftung Naturschutz Rheinland-Pfalz	Inkrafttreten
			VII. Aufhebung, Fortgeltung von Rechtsvorschriften	
§ 44		Einziehung	Aufhebung von Rechtsvorschriften	
§ 45		Überleitung bisheriger Ahndungsbestimmungen	Weitergeltende Rechtsvorschriften	
		X. Übergangs- und Schlußvorschriften		
§ 46		Übergangsvorschriften	Unmittelbar geltendes Bundesrecht	
§ 47		Änderung des Hessischen Feld- und Forstschutzgesetzes	Ausführungsbestimmungen	
§ 48		Aufhebung von Vorschriften	Inkrafttreten des Gesetzes	
§ 49		Erstattung von Auslagen		
§ 50		Rechts- u. Verwaltungsvorschriften		
§ 51		Inkrafttreten		

Übersichtstabelle 2

Regelungen für Sachverhalte in den geltenden Gesetzen über Naturschutz und Landschaftspflege des Bundes (BNatSchG) und der drei Länder Hessen (HNG), Rheinland-Pfalz (LaPflG) und Saarland (SNG)

Sachverhalt	Bund	Hessen	Rhld.-Pf.	Saarland
Allgemeine Vorschriften				
Ziele	+ § 1	—	§ 1	§ 1
Grundsätze	e § 2	§ 1	§ 2	§ 2
Verpflichtung der Behörde, Planungsträger etc. Aufgaben	+ § 3	§ 2	§ 3	§ 3
Allgemeine Pflicht	—	—	—	§ 4
Eingriffe in Natur und Landschaft	§ 8	§ 5	§ 4	§ 10
Verfahren bei Eingriffen	§ 8,4	§ 7 u. § 8	§ 6	§ 13-15
Zulässigkeit und Ausgleich	—	§ 6	§ 5	§ 11
Verwendung chemischer Mittel	—	—	§ 7	§ 17
Duldungspflicht	§ 10	§ 37	§ 8	§ 35
Offenhaltung der Landschaft	—	§ 9	§ 9	—
Pflegepflicht im Siedlungsbereich	§ 11	§ 9, 2	§ 10	—
Betreten der Flur	§ 27	§ 10	§ 11	§ 5
Kennzeichnung von Wanderwegen	—	§ 10	§ 12	—
Freier Zugang zu den Gewässern	—	—	§ 13	§ 6
Gemeingebrauch an Gewässern	—	—	§ 14	—
Bereitstellung von Grundstücken	+ § 28	§ 20	—	§ 7
Landschaftsplanung				
Landespflegeprogramm, Landschaftsprogramme und Artenschutzprogramm	§ 5	—	§ 15	§ 8
Landschaftsrahmenplan	§ 5	§ 3	§ 16	§ 8
Landschaftsplan	§ 6	§ 4	§ 17	§ 9
Schutz, Pflege und Entwicklung bestimmter Teile von Natur und Landschaft (Flächen-, Objektschutz)				
Allgemeines	§ 12	§ 11	—	—
Naturschutzgebiete	+ § 13	§ 12	§ 21	§ 19
Landschaftsschutzgebiete	+ § 15	§ 13	§ 18	§ 20
Naturparke	e § 16	§ (11)	§ 19	§ 18
Naturdenkmale	+ § 17	§ 14	§ 22	§ 22
Geschützte Landschaftsbestandteile	+ § 18	§ 15	§ 20	§ 21
Kennzeichnung, Bezeichnungen und Schutz von Bezeichnungen	§ 19 u. § 25	§ 42	§ 23	§ 24
Einstweilige Sicherstellung	—	§ 18	§ 27	§ 23
Verfahren zur Unterschutzstellung	—	§ 16 u. § 17	§ 28	§ 33
Register der Schutzobjekte	§ 12,2	§ 19	§ 29	—

+ = unmittelbar geltende oder verbindliche Vorschrift des BNatschG
e = desgleichen, jedoch mit Ermächtigung zur Erweiterung durch die Länder

Übersichtstabelle 2 (Fortsetzung)

Sachverhalt	Bund	Hessen	Rhld.-Pf.	Saarland
Schutz und Pflege wildwachsender Pflanzen und wildlebender Tiere (Artenschutz)				
Grundsatz, Allgemeines	§ 20	§ 21	§ 24,1	§ 25
Allgemeiner Schutz von Pflanzen und Tieren	§ 21	§ 22	§ 24,2	§ 26
Schutz besonderer Lebensräume	—	§ 23	§ 24,2	§ 26,2
Besonders geschützte Pflanzen und Tiere	§ 22	§ 24	§ 25	§ 27
Buchführungspflicht	—	§ 26	§ 25,5	—
Einbürgerung	§ 21,3	§ 27	§ 24,2	§ 26,1
Sonstige Ermächtigungen und Bestimmungen (Außenhandel, Handel, Kennzeichnung etc.)	+ § 23 —	§ 24 —	§ 25,4 § 25,5	— —
Ausnahmeklausel	+ § 26,3	—	§ 25,6	§ 28,3
Tiergehege	§ 24	§ 29	§ 26	§ 29
Ländervorbehalte	e § 26	§ 23	§ 25,4	§ 25-28 § 16
Organisation, Zuständigkeiten				
Naturschutz- bzw. Landespflegebehörden	—	§ 30	§ 30	§ 30
Interministerieller Ausschuß	—	—	§ 31	—
Landesamt für Umweltschutz	—	—	§ 32	§ 30,1
Landespflege-, Naturschutzbeirat	—	§ 34	§ 33	§ 32
Beauftragte	—	§ 34,4	§ 34	§ 31
Vertrauensleute für den Vogelschutz	—	§ 33	—	—
Mitwirkung, Befugnisse von Verbänden; anerkannte Vereine	+ § 29	§ 35	§ 37	—
Landschaftswacht	—	§ 31	—	—
Befreiungen	+ § 31	—	§ 38	§ 34
Vorkaufsrecht	—	§ 40	—	§ 36
Enteignung	e § 4	§ 38	§ 39	§ 37
Anzeigepflicht, Überwachung	—	§ 32	§ 35	—
Klagerecht	—	§ 36	—	—
Finanzhilfen des Landes	—	—	§ 42	—
Stiftung Naturschutz	—	—	§ 43	—
Bußgeldbestimmungen, Grundrecht				
Ordnungswidrigkeiten	+ § 30	§ 43	§ 40	§ 38
Einziehung	—	§ 44	§ 41	§ 39
Grundrechtseinschränkung	—	—	—	§ 40

+ = unmittelbar geltende oder verbindliche Vorschrift des BNatschG
e = desgleichen, jedoch mit Ermächtigung zur Erweiterung durch die Länder

Zur Zukunft des ländlichen Raumes

von

Hans Joachim Steinmetz, Wiesbaden

Gliederung

I. Einstufung und Wandel

Seit geraumer Zeit ist erkennbar, daß der „ländliche Raum" zunehmend in das öffentliche Interesse rückt. Die Gründe hierfür sind sehr unterschiedlicher Art, im wesentlichen aber zurückzuführen auf das völlig neue Umweltbewußtsein, in dem dieser Raum ökologisch, wirtschaftlich und sozial eine zentrale Bedeutung hat.

Es war ein langer Weg, der zu dem führte, was heute im weitesten Sinne ländlicher Raum ist. Die Ansichten und Einschätzungen lassen dies deutlich werden. So wird er als Gebiet oder Raum gesehen, der

- in jeder Beziehung hinter modernen Entwicklungen zurücksteht,
- als Freizeitrefugium wohlhabender Schichten - Landsitz, Wochenendhaus usw. -,
- als Lieferant billiger Arbeitskräfte,
- als unerschöpflicher Lieferant von Gütern der Natur und des Landbaues,
- als Zufluchtsstätte in Notzeiten,
- als Oase der Ruhe,
- als Wander- und Erholungsgebiet,
- als Erhalter alten Kulturgutes,
- als Hort ländlich-sittlichen Brauchtums - was immer man darunter verstehen mag -, das sich in der Dorfgemeinschaft ausdrückt, oder
- als Garant künftiger Entwicklungsmöglichkeiten dient.

Diese Aufzählung ließe sich ohne weiteres noch fortsetzen. Sie zeigt aber bereits die Vielschichtigkeit der Aufgaben, die man diesem Gebiet beimißt, und spiegelt insoweit die tatsächlichen Erkenntnisse der Forschungen und Untersuchungen, aber auch der Erfahrungen, gerade der jüngeren Zeit, wider. Einen vielfältigen Beitrag hierzu leistete auch die AKADEMIE FÜR RAUMFORSCHUNG UND LANDESPLANUNG, die sich bereits seit geraumer Zeit mit dieser Problematik befaßt[1].

So ist heute allgemein anerkannt, daß der ländliche Raum für den Bestand und die Leistungsfähigkeit unserer Gesellschaft neben den städtischen bzw. verdichteten Räumen einen gleichwertigen Rang einnimmt. Die Begriffe für beide Raumkategorien gehen auf die moderne Raumordnung zurück und finden sich in den entsprechenden Programmen des Bundes und der Länder wieder. Schwierigkeiten bereitete allerdings bisher die Abgrenzung. Gerade die Vielfalt der Aufgaben läßt eine allen Ansprüchen genügende Grenzziehung zwischen Verdichtungsraum und ländlichem Raum, sieht man von den zahllosen Übergangszonen einmal ab, nicht zu. Zwar sind die Verdichtungsräume mit ihren Randbereichen als sogenannter Ordnungsraum definiert; so hat die Ministerkonferenz für Raumordnung bestimmt, daß als ländlicher Raum das Bundesgebiet mit Ausnahme der Ordnungsräume gilt[2]. Sieht man aber neben dieser überwiegend wirtschaftlich geprägten Einstufung den ländlichen Raum, also die einzelnen Gemarkungen mit ihren Dörfern oder Siedlungsgebieten auch unter dem Aspekt der Urproduktion, der landschaftsbezogenen Freizeit und Erholung usw., dann findet man auch in den Ordnungsräumen zahlreiche Gemarkungen, die diese Eigenschaften aufweisen.

---

[1]) SPITZER u. a.: Wirkung von Zentralisierungen auf die Besiedlungsmöglichkeiten im ländlichen Raum. ARL: Arbeitsmaterial Nr. 18/1979; ARL: Jahresbericht 1980.

[2]) MKRO: Entschließung vom 31. 10. 1977.

Auch im Hinblick auf das Gesetz über die Gemeinschaftsaufgabe zur Verbesserung der Agrarstruktur und des Küstenschutzes wurde daher für die praktische Nutzanwendung in Hessen seit einigen Jahren der ländliche Raum als das gesamte Gebiet außerhalb der durch städtische Siedlungs- oder Wirtschaftsstruktur geprägten Teile der Verdichtungsräume definiert.

Von mindestens gleich großer Bedeutung für die Definition des ländlichen Raumes sind die ebenfalls generell anerkannten Funktionen, die er erfüllen soll und die ihren Niederschlag ausführlich bereits im Raumordnungsbericht 1972 der Bundesregierung fanden.

Die Grundbedürfnisse des Menschen waren ursprünglich darauf gerichtet, die Existenz zu sichern und sich gegen die Unbilden der Umwelt zu behaupten. Die Sicherung der Ernährung und die Sicherheit des einzelnen und seiner Sippe waren die wesentlichen Kriterien für das, was wir heute als „Inbesitznehmen" oder „sich untertan machen" verstehen. Erst im Laufe der Jahrhunderte mit fortschreitender Zivilisation, besonders aber mit Beginn der Städtegründungen und der sich im vorigen Jahrhundert anbahnenden „industriellen Phase" mit ihren wissenschaftlichen und technischen Fortschritten begannen die ersten wirklichen Eingriffe in die Natur und ihr Wirkungsgefüge. Nachhaltige Schäden, wie beispielsweise die durch Abholzung bedingte Verkarstung in Spanien oder auf dem Balkan oder die großen Erosionsschäden auf landwirtschaftlichen Nutzflächen Amerikas, kamen im wesentlichen dadurch zustande, daß die technischen Möglichkeiten dem wissenschaftlichen Erkenntnisstand immer ein Stück voraus waren. Die Konsequenzen, die sich aus den jeweiligen Maßnahmen ergaben, wurden nicht früh genug erkannt oder als zu gering geachtet.

Man könnte zu dem Schluß kommen, daß der zivilisatorische Fortschritt sehr viel rascher verlief als die zu seiner sinnvollen „Verkraftung" erforderliche kulturelle Entwicklung. Damit würde sich auch das vielfach mangelhafte Wissen über Verflechtung und Abhängigkeiten der verschiedenen Lebensbereiche beziehungsweise ihre Nichtbeachtung erklären, die bis in unsere Zeit hineinreicht:

- So wurde und wird teilweise noch bei vielen Förderungen vorrangig die wirtschaftliche Seite des jeweiligen Vorhabens als Entscheidungskriterium gesehen, nicht aber die Auswirkungen in den sozialen Bereichen, beispielsweise innerhalb der Familien und ihrer zyklusabhängigen Bedürfnisse.

- So werden große Wohngegbiete vorgesehen und auch gebaut, häufig aber die erforderlichen Voraussetzungen für ein mittel- und langfristiges Funktionieren vernachlässigt, so daß z.B. die Mobilität des einzelnen mangels hinreichender Verkehrserschließung oder Anbindung an öffentliche Verkehrssysteme erschwert oder beeinträchtigt bzw. auf Individualverkehr angewiesen ist.

- So wurden sich erneuernde Hilfsquellen wie Wasser oder Luft im Vertrauen auf ihre Unerschöpflichkeit unbekümmert in Anspruch genommen, ohne daß man die Folgen erkannt hätte, die diese Eingriffe in komplizierte Kreisläufe mit sich bringen.

Dieses Vorgehen ist durchaus erklärbar. Nach dem Krieg war der Wiederaufbau das allgemein erklärte Ziel. Vorrang hatte dabei zunächst das Schaffen von Wohnraum und die Sicherung der Ernährung. Damit aber begann zugleich eine generelle Entwicklung der Wirtschaft, die zunehmend an Bedeutung und vor allem an Einfluß auf politische Entscheidungen gewann.

Schon Ende der fünfziger Jahre zeichnete sich ein Umdenken ab: Die Ernährung wurde auch infolge zunehmender Importe sicher und damit problemlos; der bis dahin hochgeschätzte ländliche Raum, Zufluchtsstätte vieler Stadtbewohner in Notzeiten und Lieferant der Grundnahrungsmittel, verlor an Bedeutung. Die Zukunft gehörte wieder den Städten und Ballungsräumen als den Zentren hoher Zivilisation und wirtschaftlcher Macht; der ländliche Raum war erneut billiger und unerschöpflich scheinender Lieferant von Arbeitskräften, Wasser, Frischluft, Kies, Sand billigem Bauland u.ä. und erlaubte preiswerte Freizeitgestaltung und Erholung.

Die Folge hiervon war wiederum, daß sich nahezu sämtliche Aktivitäten, selbst die der Wissenschaft, an den Städten orientierten und dort ihre Aufgabe sahen.

Erste Bedenken an dieser Entwicklung kamen, als sich Innenstädte entvölkerten und die dort weichenden Menschen auch aus Kostengründen in das Umland zogen. Vergleichsweise billiges Bauland bei hoher Mobilität verlockte zur Eigentumsbildung auch in entfernteren Gebieten. Gleichzeitig ließ das Interesse an der Landbewirtschaftung durch zunehmendes Ungleichgewicht der Arbeits- und Verdienstmöglichkeiten gegenüber Gewerbe und Industrie nach. Vor allem junge Menschen zogen andere Berufe vor und wählten vielfach wegen des differenzierteren Angebotes die Stadt als Arbeitsstätte.

Nach der Freifläche als Standort bodenabhängiger Produktion verloren damit auch die Kleinstädte und Dörfer als Kernzellen der Besiedlung des ländlichen Raumes wesentliche Teile ihrer ursprünglichen Aufgaben und vielfach auch ihren Charakter: Im Umland der Verdichtungsräume wandelte sich der lebendige Organismus des überschaubaren, häufig durch zu große Nachbarschaftsnähe entnervenden, aber für jedermann erkennbaren und vertrauten Lebensraumes zu einer mehr oder weniger technisch anonymen, verwalteten Wohnwelt; in peripheren Räumen drohte mangels hinreichender Ausbildungs-, Arbeits- oder Bildungs- und Zerstreuungsmöglichkeiten die Abwanderung vor allem junger Menschen.

Das Wachsen der Ballungsräume mit allen Konsequenzen, wie Infrastruktur, Versorgung mit Naturgütern, wie Wasser und Luft, Beseitigung nicht verwertbarer Lebens- und Produktionsrückstände, Ansprüchen an Freizeitgestaltung und Erholung einerseits, die zunehmende, teilweise unbewußte, als selbstverständlich empfundene Inanspruchnahme der Güter des ländlichen Raumes andererseits, macht bald deutlich, daß die Verdichtungs- bzw. Ordnungsräume langfristig nur existieren können, wenn ein funktionsfähiger ländlicher Raum, häufig auch als Entwicklungsraum bezeichnet, die Ver- und teilweise Entsorgung in den verschiedensten Lebens- und Wirtschaftsbereichen garantiert.

II. Aufgaben des ländlichen Raumes

Mit dieser Erkenntnis ergab sich die Notwendigkeit, den ländlichen Raum zu beschreiben und seine Aufgaben zu definieren. Sie wurden zwar unterschiedlich gegliedert, fanden aber im wesentlichen ihren Niederschlag in folgenden Funktionen:

1. Siedlungs- und Arbeitsraum

Ursprünglich rein agrarisch aufgebaut, wurde der ländliche Raum zunehmend zum Wohnstandort für außeragrarische Bevölkerungsschichten. Die Arbeitsplätze in der Land- und Forstwirtschaft gingen absolut und relativ zurück. Hierbei spielte nicht allein die auf Rationalisierung ausgerichtete Agrarpolitik eine bedeutsame Rolle, sondern auch die teilweise als „Überfremdung“ bezeichnete Ansiedlung weichender Städter infolge günstiger Baumöglichkeiten und hoher Mobilität oder der Suche nach ländlicher Umwelt und Geborgenheit. Dies wiederum führte zu neuen Bau- und Wohnformen und Verwendung neuer Baustoffe, aber auch zu einer Änderung der Auffassung über ortsübliches Wohnen, so z.B. in der Einschränkung landwirtschaftlicher Betriebe durch übersteigerte Umweltschutzbestimmungen hinsichtlich Geruchsbelästigung oder Lärm durch Tiere.

Die agrarischen Arbeitsmöglichkeiten wurden zunehmend geringer oder stagnierten. Auch konnten die Bestrebungen, Gewerbe und Industrie vor allem in wirtschaftsschwachen Räumen anzusiedeln, nicht immer den gewünschten Erfolg bringen, so daß infolge zahlenmäßig geringer Arbeitsplätze die Masse der ländlichen Arbeitnehmer pendeln muß.

2. Standort für land- und forstwirtschaftliche Produktion

Diese originäre Aufgabe, lange Zeit der begrenzende Faktor für das Wohlergehen und Wachsen der Bevölkerung, wurde durch moderne Erkenntnisse und Entwicklungen des Landbaues, stärker aber noch durch die zunehmende Wirtschaftskraft und die dadurch bedingten Verflechtungen mit dem Weltmarkt in den Hintergrund gedrängt. Steigende Produktion und durch das Wirtschaftssystem geförderter zunehmender Welthandel, auch mit Nahrungsmitteln, hat in unseren Breiten Hungerszeiten vergessen lassen.

Verdammung von Lebensmittelüberschüssen und die Forderung, sie zu vermeiden, können jedoch nicht darüber hinwegtäuschen, daß, abgesehen von der risikogeladenen Abhängigkeit, die Lebensmittelversorgung der Bevölkerung allein durch Importe, auch unter günstigsten Bedingungen, nicht möglich ist.

Eine funktionierende eigene Agrarwirtschaft ist daher für die Gesellschaft unerläßlich, da unersetzbar.

Der Schutz wertvoller Produktionsflächen, die Erhaltung produktionsfähiger Betriebe und agrarischer Arbeitsplätze sollte daher ebenso selbstverständlich sein wie die auf langfristige Leistungsfähigkeit ausgerichtete Bewirtschaftung der Flächen oder richtiger der Landschaften und ihrer Ökosysteme. Dies bedeutet ein Umdenken in der allgemeinen Wirtschafts- und Agrarpolitik. Die bisherige Förderungskonzeption, nicht zuletzt durch die Europäische Gemeinschaft bestimmt, hat nicht verhindern können, daß der Abstand zwischen wirtschaftsschwachen und wirtschaftsstarken Räumen ebenso größer wurde, wie, trotz erheblicher Investitionen, die Disparität innerhalb der Landwirtschaft zunahm[3].

3. Raum für natur- und landschaftsbezogene Freizeit und Erholung

Zwar gab es schon immer die Erholung in der freien Natur, sie war jedoch überwiegend privilegierten Schichten vorbehalten, die über die ausreichende Freizeit verfügten.

Erst in den letzten Jahrzehnten ist die Notwendigkeit, natur- und landschaftsbezogene Freizeitgestaltung und Erholung zu sichern, zu einem generellen Gebot geworden, ausgelöst durch die Verschiebungen in den Bereichen Arbeit, Beruf, Freizeit und Muße, aber auch wegen Minderung der Lebensqualität in den Städten, aus denen immer mehr ländliche Elemente und Grundstrukturen verschwanden.

Da Arbeit und Freizeit keine Gegensätze sein müssen, ist die aktive Freizeitgestaltung wesentlicher Bestandteil all der Forderungen, die auf eine „sinnvolle" Ausrichtung zielen, beginnend von Schrebergärten bis zum landwirtschaftlich orientierten Hobbybetrieb.

Da zugleich Freizeit kein Privileg bestimmter gesellschaftlicher Schichten mehr ist und bei hoher Mobilität der jeweilige Aktionsradius stieg, ist der ländliche Raum bevorzugtes Betätigungsfeld freizeithungriger Städter. Die Motive für die räumliche Nutzung sind unterschiedlich und reichen vom reinen mußeorientierten Naturgenuß über „sinnvolle" Beschäftigung und Arbeit bis zur ökonomischen Betätigung.

---

[3]) Deutscher Bundestag: Agrarbericht 1981, Drucksache 9 / 140.

Die Sicherung dieser überwiegend sozial orientierten Funktionen setzt einen intakten ländlichen Raum voraus, damit er die teilweise erheblichen Beanspruchungen und Belastungen, die sich aus den Freizeitaktivitäten ergeben können, schadlos kompensieren kann.

Das Bedürfnis nach Erholung und Freizeit auf dem Lande ist zugleich aber auch ein ernstzunehmender Wirtschaftsfaktor, der besonders in wirtschaftsschwachen Räumen einen erheblichen Beitrag zum Einkommen der ansässigen Bevölkerung und damit zur Stabilität der Besiedlung leistet. Es steht zu erwarten, daß sich mit zunehmender berufsfreier Zeit dieser Einkommenszweig verstärken wird.

4. Ökologischer Ausgleichsraum und Grundlage für die Wasserversorgung

Der ländliche Raum setzt sich aus zahlreichen unterschiedlichen Ökosystemen zusammen, die in unseren Zonen zwar naturgegeben, im wesentlichen aber durch den Menschen geprägt sind und ihren Ausdruck in der „Kulturlandschaft“ finden.

Jedes dieser Systeme ist als dynamisches Wirkungsgefüge zu sehen, das nur so lange stabil ist, solange seine einzelnen Faktoren stabil sind.

Aufgabe des Menschen ist es daher, alle Vorbedingungen für eine Stabilisierung zu schaffen und im Hinblick auf die unterschiedlichen Funktionen die Voraussetzungen zu sichern, die eine langfristige Nutzung der sich erneuernden (Boden, Wasser, Luft, Pflanzen- und Tierwelt) und sich nicht erneuernden Hilfsquellen (Steine, Erden, Salze) garantieren.

Sieht man einmal von den Aufgaben wie Bereitstellung von Refugien für bedrohte Tier- und Pflanzenarten, langfristige Lieferung von Rohstoffen oder Frischluft für konzentrierte Wohn- und Industriegebiete ab, so bringt alleine schon die Forderung nach qualitativ hochwertigem und quantitativ ausreichendem Wasser für Städte und Verdichtungsräume eine umfassende Aufgabe. Die hierzu erforderliche Grundwasserneubildung setzt nicht nur durchlässige Böden und Gesteine voraus, sondern zugleich einen hohen Filtereffekt, um verschmutztes Wasser oder verunreinigte Niederschläge in einwandfreies Trinkwasser zu verbessern.

In Anbetracht z.B. des hohen, durch Verbrennung organischer Materie wie Holz, Kohle und Heizöl bedingten Säuregehaltes der Niederschläge ist eine intakte, also neutralisierende Bodenfilterung erforderlich, um die Qualität des Grundwassers zu garantieren. Dies aber wiederum setzt eine ordnungsgemäße Landbewirtschaftung voraus. Nach einer Berechnung leistet alleine die hessische Landwirtschaft einen Beitrag von rd. 18 Millionen DM pro Jahr zur Sicherung des Basenhaushaltes der Böden.

In gleicher Weise ist diese ordnungsgemäße Landbewirtschaftung, heute vielfach als „integrierter Landbau“ bezeichnet, Voraussetzung für das Überleben zahlreicher gefährdeter Pflanzenarten, wie Silberdistel, Schachblume, Türkenbund, Trollblume u.a., die anderenfalls unter unseren Wachstumsbedingungen ein Opfer der Natur oder richtiger der „natürlichen“ Vegetation würden.

5. Raum mit Vorhaltefunktionen für künftige Bedürfnisse

Nachweislich hat sich im Verhältnis zur linear fließenden Zeit das Wissen nachgerade potenziert. Auch ist nicht zu erkennen, daß bei der Aktivität von Wissenschaft und Technik eine Verlangsamung eintritt.

Die Entwicklung der letzten Jahrzehnte macht deutlich, daß sich Schwerpunkte der wirtschaftlichen, politischen oder gesellschaftlichen Betrachtung sehr rasch wandeln können und daher alles vermieden werden muß, was die Voraussetzungen für positive Entwicklungen schmälert. Die langfristige Sicherung von Flächen, Rohstoffen und sonstigen natürlichen Ressourcen ist daher eine der vornehmsten Aufgaben des ländlichen Raumes.

Ein Beispiel:
Sieht man auf die Veränderungen der letzten Jahre, dann zeichnet sich vor allem die zunehmende Bedeutung der Energiefrage ab. Für den ländlichen Raum heißt dies, daß bereits heute an die Sicherung der Flächen gedacht werden muß, die für eine Veredelung natürlicher Energien und ihre Nutzbarmachung erforderlich werden können.

III. Folgerungen

Mit diesem Überblick sollen nicht nur die wichtigsten Aufgaben des ländlichen Raumes aufgezeigt, sondern soll vor allem auf deren vielfältige Verflechtungen aufmerksam gemacht werden. Die Sicherung unseres Lebensraumes setzt daher voraus, daß isolierte Betrachtungsweisen vermieden und stattdessen ein auf ein gemeinsames Ziel ausgerichtetes Bündel ineinandergreifender abgestimmter Vorhaben eingesetzt wird.

Es wäre wenig hilfreich, einen Gegensatz zwischen ländlichem Raum und Verdichtungs- bzw. Ordnungsraum zu konstruieren. Wichtig erscheint vielmehr, die tatsächlichen Gegebenheiten und erkennbaren künftigen Ansprüche zu sehen, und die besagen schlicht und einfach, daß in unserem Land letztlich Verdichtungsraum und ländlicher Raum als Einheit gesehen werden müssen, in der gleichberechtigte Partner zwar unterschiedliche Aufgaben wahrnehmen, aber gemeinsam auf ein Ziel hinwirken. Dieses Ziel ist die langfristige Sicherung unseres Lebensraumes für den Menschen, wie sie im § 1 Bundesnaturschutzgesetz niedergelegt ist.

Welche Konsequenzen ergeben sich nun daraus?

Die Erhaltung und Sicherung des ländlichen Raumes mit seinen Wäldern, Fluren, Wasserflächen, Dörfern und Städten als multifunktionale besiedelte Kulturlandschaft setzt voraus:

1. Langfristige, abgesicherte *gesellschaftspolitische Zielvorstellungen* als Leitlinie der verschiedenen Bereiche, aufgebaut auf soziale, kulturelle, ökologische und ökonomische Grundlagen wie

- Gleichrangigkeit von Stadt und Land
- Sicherung der Landschaft als Lebensgrundlage des Menschen
- Sicherung der Entwicklungsfähigkeit der ländlichen Siedlungen und Gemarkungen in ihrer Wohn-, Wirtschafts- und Erholungsfunktion unter Beachtung der individuellen gesellschaftlichen und wirtschaftlichen Situation der Familie
- Sicherung der ökologischen Vielfalt und einer ordnungsgemäßen Landbewirtschaftung als Ernährungsgrundlage
- Schutz bedrohter Tier- und Pflanzenarten
- Erhaltung einer Mindestbesiedelungsdichte
- breite Eigentumsstreuung und Heranführung möglichst vieler Menschen an die Bodennutzung
- Sicherung der natürlichen Hilfsquellen
- Sicherung des überlieferten Kulturgutes
- Erhaltung des individuellen charakteristischen Gepräges der verschiedenen Landschaften einschließlich Siedlungen.

Diese beispielhafte Aufzählung ist unvollständig, zeigt aber bereits das breite Spektrum an Forderungen, das zu berücksichtigen und in die Wirklichkeit zu übertragen ist. Hierzu ist neben den einschlägigen Gesetzen

2. Die *Erfassung der Grundlagen* nötig. Dabei handelt es sich nicht nur um rein statistische Datenerhebung, sondern in weit größerem Maße um die Beurteilung und Wertung der bestimmenden Faktoren.

Nicht in allen Bereichen kann man dabei aus dem vollen schöpfen. Typisches Beispiel ist die Ökologie, ein Teilgebiet der Landespflege. Bis vor wenigen Jahren nur in der Wissenschaft und Fachwelt gebräuchlich, muß dieser naturwissenschaftliche Begriff heute oft für abenteuerlichste Behauptungen herhalten. Dabei wird deutlich, wie wenig verbreitet tatsächlich naturwissenschaftliche Erkenntnisse sind und daß häufig Intuition oder zweckgerichteter „Glaube" Wissen ersetzen soll.

Da jedoch nur wenige naturwissenschaftliche Gebiete weniger erforscht sind als die Lehre vom Naturhaushalt und seinen inneren und äußeren Abhängigkeiten, kann man es auch nicht als allzu großes Delikt bezeichnen, wenn gutgläubig Wissen durch Gefühl ersetzt wird und dabei sogar in der Regel gut verkäufliche Argumente entstehen; man muß aber fordern, daß die wissenschaftlichen Grundlagen vertieft und vervollständigt werden, damit fundiert und sachlich entschieden werden kann. Dies bedeutet nicht, eine Fülle von neuen Forschungsaufträgen in Gang zu setzen, vielmehr wäre es schon sehr hilfreich, wenn das umfassende Einzelwissen und die zahllosen Ergebnisse von Dissertationen, Habilitationen und bereits abgeschlossenen Forschungsaufträgen ausgewertet und nutzbar gemacht werden könnten.

Es liegen bereits Beispiele dieser Art vor, wie

- die Abhängigkeit der Sauerstoffproduktion von der Vegetation[4] und
- die Abhängigkeit der qualitativen und quantitativen Grundwasserneubildung von der Vegetationsform bzw. Bodennutzung[5].

Die Ergebnisse beider Untersuchungen brachten es mit sich, daß zahlreiche Vorurteile berichtigt wurden. Doch wird es noch einige Zeit dauern, bis alle liebgewordenen Wunschvorstellungen zugunsten der Realität aufgegeben werden und bei Entscheidungen wirken können.

Neben wissenschaftlichen Feststellungen ist eine objektive Bestandsanalyse erforderlich, die vor allem die mehr oder weniger unveränderlichen Faktoren des natürlichen Wirkungsgefüges erfaßt. Teilweise geschieht dies bereits in den sogenannten „Standortkarten", wie sie in der agrarstrukturellen Vorplanung in Hessen erstellt werden und die Aussagen über Klima, oberflächennahe Lagerstätten, Wuchsklima, Durchlässigkeit und Verschmutzungsgefährdung von Grundwasser, Nutzungseignung u.s.f. machen[6].

Auch hier sind weitere Kartierungen erforderlich, um einen breiten Kriterienkatalog als Basis für eine umfassende Beurteilung von Flächenwidmungen aus ökologischer Sicht zu gewinnen.

---

[4]) Landbewirtschaftung und Sauerstoff. In: Faltblatt „Mensch und Landschaft" Nr. 1 des Hess. Ministers für Landesentwicklung, Umwelt, Landwirtschaft und Forsten, 1981.

[5]) WOHLRAB u.a.: Einfluß der Bodennutzung auf Grundwasserneubildung und Grundwassergüte. In: Berichte zur Landeskultur. Hrsg.: Hess. Minister für Landesentwicklung, Umwelt, Landwirtschaft und Forsten, 1979.

[6]) Standortkarte von Hessen: „Natürliche Standorteignung für landbauliche Nutzung", Hrsg. Hess. Minister für Landesentwicklung, Umwelt, Landwirtschaft und Forsten – Abteilung Landwirtschaft und Landentwicklung –, Wiesbaden 1979. Standortkarte von Hessen: „Das Klima".

Gleiches gilt, wenngleich in abgeschwächter Form, für weitere Bereiche, wie Infrastruktur (Mindestausstattung u.s.f.), Freizeit und Erholung (Belastbarkeit der Räume u.s.f.), Land- und Forstwirtschaft (zweckmäßigste Betriebs- und Nutzungsformen u.s.f.), Verkehrserschließung, Wohn- und Arbeitsplätze, Bevölkerungsentwicklung und -verteilung u.s.f.

3. *Umsetzung* von Leitlinien, Gegebenheiten und Erkenntnissen *in Entwicklungskonzeptionen.* Von der Raumordnung ausgehend baut sich eine ganze Planungshierarchie auf. Sie reicht vom Raumordnungsprogramm

über die Regionalen Raumordnungspläne,
den Flächennutzungsplan
und Bebauungsplan
bis zum Detailplan.

Ergänzt wird diese Folge durch die zahlreichen Fach- und Begleitpläne der einzelnen Verwaltungen.

Diese Fülle von Plänen führt häufig zu abwertenden Feststellungen über Planung insgesamt, wie Planeritis, Papierkorbplanungen und dergleichen. Es wird nicht bestritten, daß auch Planung überzogen werden kann. Liegt aber keine Planung vor, so wird noch rascher von Konzeptionslosigkeit und mangelhafter Überprüfbarkeit gesprochen. Wichtig ist es folglich, auf ein Ziel gerichtete und in Maßnahmen ausgedrückte Pläne zu erstellen. Dabei müssen Ziele und Maßnahmen mit allen berührten Bereichen, vor allem aber mit den Betroffenen abgestimmt sein und sich in dem gesteckten Rahmen, beispielsweise der Regionalplanung, bewegen. Ihnen folgt

4. Die *Umsetzung in die Praxis.* Hierfür steht eine große Anzahl von Möglichkeiten zur Verfügung, deren Einsatz und Wirksamkeit sich an der Verhaltensweise und der Mentalität der beteiligten Menschen orientieren muß.

So ist traditionsgemäß der Bewohner des ländlichen Raumes stark durch Eigeninitiative und Eigenleistung geprägt.

Wesentliche Förderung für ihn bedeutet daher zum Beispiel

- das Aufzeigen von Entwicklungsmöglichkeiten und -alternativen,
- die Schaffung der gesetzlichen Voraussetzungen, was bei den zahlreichen einengenden Bestimmungen gar nicht hoch genug veranschlagt werden kann,
- die Beratung und Betreuung in der Durchführung und schließlich natürlich auch
- die finanzielle Unterstützung durch die öffentliche Hand.

Gleichermaßen gilt dies für die Gemeinden, bei denen sich allerdings noch klarer zeigt, daß als wesentliche Voraussetzung des funktionsfähigen Gemeinwesens die Selbstverwaltung und Eigenverantwortung dringend gestärkt werden müssen.

Abgesehen davon, daß der Staat mit überschaubaren Gesetzen den Rahmen vorgeben soll, in dem sich der einzelne und die Institutionen frei bewegen können, kann er mit seinen eigenen Steuerungsinstrumentarien und Einrichtungen gerade in ländlichen Gebieten segensreich wirken. Sieht man einmal von seiner ökonomischen Wirksamkeit ab, wie z.B. der Investitionsförderung in ländlichen Gebieten, der Abschreibungsmöglichkeiten für Um- und Neubauten und Modernisierungen im Dorf oder der Kilometerpauschale für mit öffentlichen Verkehrsmitteln unterversorgte periphere Räume, dann sei vergleichsweise die Kirche angeführt; denn der Ruf „Laßt die Kirche im Dorf“ hat die gleiche Quelle und negative Erfahrung als Grundlage wie die Kritik am Abzug der Lehrer als „Kulturmultiplikatoren“.

Man kann diese Entwicklungen nicht ohne weiteres zurückdrehen, aber gerade die Steuerung von Schlüsselentscheidungen befindet letztlich darüber, ob das Dorf ein Dorf bleibt oder zu einer Stätte mangelhafter zwischenmenschlicher oder gemeinschaftlicher Beziehungen wird.

Und da sind schließlich noch die Maßnahmen, die der Staat selbst mit seinen Instrumentarien durchführt, wie Verkehrserschließung, Wegebau, Einrichtung von Naturschutzgebieten, landwirtschaftliche Siedlung, Flurbereinigung, Dorferneuerung usw. Auch diese Maßnahmen haben nur dann den vollen Erfolg, wenn sie mit- und aufeinander abgestimmt sind und von den Beteiligten bzw. Betroffenen mitgetragen werden.

Es ist also keinesfalls immer das Geld, das für Ge- oder Mißlingen verantwortlich ist; das Gewinnen der Bevölkerung und Gemeinden für das gemeinsame Ziel ist häufig wichtiger, da erst damit die Voraussetzungen geschaffen und Kräfte freigesetzt werden, die als Motor unerläßlich sind und die Stabilität gewährleisten.

Der überschaubare Lebensraum des Dorfes und der Kleinstadt, die hohe Leistungsfähigkeit und das große Regenerationsvermögen der Landschaften des ländlichen Raumes mit ihren vielen Funktionen und oft stark sich überlagernden Nutzungsansprüchen fordern eine solche weitschauende pflegliche Behandlung durch Staat und Gesellschaft geradezu heraus. Und die politische und öffentliche Zuwendung des Interesses an diesen Raum hat nicht nur ihren Ursprung in der Liebe zum Land oder der Natur, sondern in der immer deutlicher werdenden Erkenntnis, daß im Zweifel der ländliche Raum ohne Verdichtungsräume existieren kann, niemals aber ein Verdichtungsraum ohne den ländlichen Raum.

„Wie sicher lebt der Mensch“ oder „Sicherheit im Raum“

Historische Evidenz für konstante Probleme

von

Ingomar Bog, Marburg

Gliederung

I. Sicherheit als aktuelles Problem

Sicherheit als heißbegehrte Qualität aller individuellen und gesellschaftlichen Lebensvollzüge ist gewiß nicht erst ein Thema der letzten 100 Jahre, nicht einmal jene Sicherheit, die Landesplanern auf die Seele gebunden ist, die Sicherheit im Raume. Streben nach Sicherheit ist eine universale menschliche Konstante[1]. Probleme der Sicherung sind immer im Gespräch. Die Bergvölker von Assam, deren Leben von blutigsten unaufhörlichen Fehden zerstört war, bildeten strengstes Gastrecht aus, um Händler wichtiger Güter zu sichern, die den Raum überwinden mußten. In den Zeiten des KAMBYSES im alten Persien sicherte man die Weite des Raumes durch künstliche Königsstraßen, von HERODOT hochgepriesen. Was tut es, daß „Sicherheit" und „Unsicherheit" über Jahrhunderte hin nicht definiert worden sind, daß die beiden Begriffe „im vortheoretischen Sprachgebrauch bleiben"[2]. „Sicherheit" im „Äußeren" und im „Inneren" von Gesellschaften, im Raume und in den Lokalen, als Befindlichkeiten oder als Ziele gesellschaftlichen Gestaltens sind „praktische Werte", sind in aller Geschichte Teil „der Normen der Wissenswürdigkeit", auch wenn keine Theorie der Sicherheit den hohen Wert von Informationen über Sicherheit betont.

Es ist sehr fraglich, ob wirklich zeitspezifische „Verunsicherungen" materieller oder psychischer Natur die Menschen des industriellen Zeitalters gezwungen haben, „Sicherheit" zum „soziokulturellen Wertsymbol" zu erheben[3]. Gewiß, KARL MARX hat in seiner Schrift „Zur Judenfrage" „Sicherheit" den höchsten Begriff der bürgerlichen Gesellschaft genannt. Sie erhebe sich durch Sicherheit freilich nicht über ihren eigenen Egoismus, im Gegenteil, so meint er: „Die Sicherheit ist vielmehr die Versicherung des Egoismus"[4]. Daß die Lebensqualität gemessen wird an der „Sicherheit", mit der das Ziel jedweder Lebensvollzüge erreicht werden kann, scheint sich zu manifestieren in dem Werbegag deutscher Gewerkschaften, die ihren Streichholzschachteln die universale Forderung „Soziale Sicherheit" aufdrucken ließen. In den Werbekampagnen zur Bundestagswahl von 1965 kamen beide große Parteien nicht ohne das fundamentale Versprechen „Sicherheit" aus, und im Juni 1980 tagte das Präsidium einer großen Regierungspartei in Düsseldorf vor dem Riesentransparent „Sicherheit für Deutschland"[5]. Die Tiefenpsychologie liefert von Anbeginn die Theorie für dieses Grundmuster des Wertens und Verhaltens. Sie bezeichnet die Angst als Grundgefühl der Seele und „die moderne Medizin vertritt die Auffassung, daß viele - auch körperliche Krankheiten - in der Angst ihre Wurzel haben"[6]. Die amerikanische Psychologie setzt seit 1935 „Angst" einfach in die Parallele zur „Unsicherheit"[7]. Man muß nicht bestreiten, daß Unsicherheit das kennzeichnende Erlebnis menschlichen Daseins im 20. Jahrhunderts ist[8], man sollte aber sagen, „auch des 20. Jahrhunderts". Denn es ist wahrscheinlich, daß die gehäufte Thematisierung von „Sicherheit" in

---

[1]) KAUFMANN, F. X.: Sicherheit als soziologisches und sozialpolitisches Problem. Untersuchungen zu einer Wertidee hochdifferenzierter Gesellschaften, 2. Aufl., Stuttgart 1973, S. 10.

[2]) KAUFMANN, F. X.: Sicherheit, 4. GRAF VON BAUDISSIN, W.: Der Gegner wird zum Partner. Ev. Komm., 12. Jg., Heft 12, 1979, S. 696. Sicherheit ist ein Zustand, in dem sich Individuen, Gruppen und Staaten nicht von anderen Gefahren bedroht, ja wirksam vor ihnen geschützt fühlen und in dem sie sicher sind, ihre Zukunft nach eigenen Vorstellungen gestalten zu können. Der Grad der Sicherheit oder Bedrohtheit hängt also in beträchtlichem Maße vom subjektiven Empfinden, den historischen Erfahrungen, dem Selbstverständnis und dem Verhältnis zur Umwelt ab.

[3]) KAUFMANN, F. X.: Sicherheit, 28.

[4]) KAUFMANN, F. X.: Sicherheit, VII.

[5]) Einige Beispiele bei KAUFMANN, F. X.: 5,8.

[6]) MÖLLER, H.: Sicherheit und eigenverantwortliche Vorsorge. In: Wo ist Sicherheit? Kröners Taschenbuchausgabe Bd. 322, Stuttgart 1960, S. 25.

[7]) KAUFMANN, F. X.: Sicherheit, 12.

[8]) MÖLLER, H.: Sicherheit, 25.

unserer Gegenwart „aus keiner Veränderung des Verhältnisses von äußeren Sicherungen und psychologischer Stabilität von Personen" stammt[9]. Dieser Negation läßt sich Evidenz verschaffen.

An der Wiege der modernen Staatstheorien steht groß und unübersehbar schon das Problem „Sicherheit". Freie Menschen gründen einen Staat, dessen Gesetzen sie sich unterordnen, weil persönliche Rechte, Eigentum und Vermögen nur durch eine Organisation gewährleistet werden können, die das Monopol der Gewalt über die freien einzelnen innehat. Gewiß hat sich in den vergangenen 130 Jahren bei allen modernen oder sich modernisierenden Staaten „soziale Sicherheit" als Kern der Ansprüche an den Staat verdichtet. Indes gibt es keine moderne Staatstheorie, die den Staat nicht verpflichtete, die äußere und die innere Sicherheit des Staatsgebietes dem Staatsvolk zu gewährleisten[10].

Diese Grundtendenz aus der Wiege der Staatlichkeit ist „logisch". „Öffentliche Sicherheit ist ein Zustand zwischen mindestens zwei Akteuren: Es ist „der andere", der meine Rechtsgüter bedroht . . . Daraus folgt nun ein entscheidendes - logisches - Argument dafür, warum öffentliche Sicherheit eine Aufgabe des Staates sein sollte: Denn nur die Chance, sich im Zweifelsfall auf die Schutz- bzw. Sanktionsmacht eines anderen berufen zu können, schützt den Schwächeren von zwei Interaktions-„Partnern" vor Eingriffen in seine Rechtsgüter[11]. Freilich hat es über lange Strecken der Geschichte hin Personen und Personen- und Regionalverbände gegeben, die sich „Sonderfrieden" gemäß eigener Kompetenz sicherten, wie z.B. die Siedlerverbände des „Wilden Westens" in den Vereinigten Staaten. Die „kommerziellen Sonderfrieden", die sich einzelne und Gruppen für ihre Wohnstätten, Produktionsstätten und ihre Bewegungen im Raum kaufen, werden uns noch beschäftigen. Wir beobachten sie seit dem Mittelalter. Im Zeitalter des Industrialismus, vor allem in unserem Jahrhundert, entstanden als „Werkschutz" riesige private Sicherungssysteme, ganz zu schweigen von dem gegenwärtig heftig expandierenden „Personenschutz", der privat, für Repräsentanten des öffentlichen Lebens auch aus öffentlichen Mitteln, organisiert und finanziert wird. Zudem: „Die technologische Haltung, die auf Beleuchtung, Schlösser, elektronische Alarmsysteme usw. setzt, ernährt eine Sicherungsindustrie, die Kriminalität nicht bekämpft, sondern auf den schwächeren Nachbarn umleitet . .."[12].

Ganz ähnliches läßt sich sagen von den militärtheoretisch kontrollierten Festungsbauten des Hohen und des Niederen Adels im vorindustriellen Zeitalter, welche das Verteidigungspotential, die Wohnstätten der politischen Leitungsinstanzen, natürlich auch die beherrschten Räume, mittels Abschreckung sicherten. Freilich mußte das beherrschte offene Land meistens dem überlegenen Gegner preisgegeben werden.

Sicherheit erschöpft sich nicht in den Begriffen öffentlicher, äußerer oder innerer Sicherheit. Auch technische Sicherheit, Sicherheit vor Naturkatastrophen, Sicherheit des natürlichen Gleichgewichts und vor allem soziale Sicherheit, d.h. materielle Sicherheit in allen Lebensaltern und Sicherheit der Entfaltungschancen, sind Subsysteme im Großsystem. Insbesondere die soziale Sicherheit muß nicht präzise den aufsteigenden oder sich senkenden Trendkurven der öffentlichen Sicherheit folgen; insbesondere nicht in vorindustriellen Gesellschaften, die gekennzeichnet sind durch weitgehende private, gruppengebundene, allenfalls kommunale soziale

---

[9]) So KAUFMANN, F. X.: Sicherheit, VII.

[10]) MURCK, M.: Soziologie der öffentlichen Sicherheit. Campus-Forschung, Bd. 156, Frankfurt/Main, New York, S. 1.

[11]) Ebd., S. 6.

[12]) ARZT, G.: Der Ruf nach Recht und Ordnung (Tübingen 1976), S. 51, zit. nach: MURCK, M., a.a.O., S. 12, Anm. 3.

Fürsorge. Auch auf einem niedrigen Niveau öffentlicher Sicherheit können „kommerzielle Sonderfrieden" die Schichten im Wohlstand erhalten, auf welchen die soziale Fürsorge beruht, die Schichten der Stifter der Wochenspeisungen an der Haustür usw.

Allzuwenig ist untersucht[13]. In großen Handbüchern zur europäischen Geschichte gibt es den Begriff „Sicherheit" nicht. Im Blickpunkt der kriminalistischen und der polizeiwissenschaftlichen Literatur stehen die, welche die öffentliche Sicherheit verletzen, nicht die Bürger, welche die Folgen krimineller oder fahrlässiger Fehlhandlungen zu tragen haben[14]. Der Täter interessiert, nicht der Betroffene. Erst kürzlich ist die Präferenzskala staatsbürgerlicher Bedürfnisse ins volle Licht gerückt worden. Mißt man das Sicherheitsbedürfnis an der Variablen „Angst", so findet man, daß 34% der Bürger „... um ihre Sicherheit nicht nennenswert besorgt sind; weitere 34% äußern relativ wenig Angst". Demgegenüber liegen in der „negativen" Hälfte der Skala insgesamt 27% der Befragten. Für sie scheinen Sicherheitsprobleme eine regelmäßige Beeinträchtigung ihres Lebensgefühls zu sein"[15]. In der allgemeinen Präferenzskala der Bedürfnisse nimmt der „Sicherheitskomplex": Schutz vor Verbrechen, finanzielle Sicherheit, Leben in einem gesicherten Staat nach der „Gesundheit" den zweiten Platz ein. Freilich artikulieren die Geschlechter, die verschiedenen Altersstufen sowie die sozialen Schichten ihre Sicherheitsbedürfnisse nicht gleich stark. Männer, insbesondere junge und Sportler, fühlen sich weniger bedroht als Frauen und ältere Menschen beiderlei Geschlechts. Die höheren sozialen Schichten wähnen sich durchweg sicherer, vor allem die durchschnittlich exponierten (freilich nur die) Angehörigen politischer Entscheidungsgremien. Es ist deshalb nicht auszuschließen, daß die Sicherheitspolitik, die der Bürger wünscht, Schutzfunktion der Polizei durch Präsenz vor der Ermittlungsfunktion, zu kurz kommt. „Abgesehen von der Verfolgung politischer, insbesondere terroristischer Delikte sind die tatsächlichen Aufwendungen im Vergleich zu anderen Bereichen und zur Kriminalitätsbelastung in den letzten Jahren gesunken".

Dies alles mahnt zur Vorsicht, sich auf „Veränderungen der psychologischen Stabilität" im historischen Vergleich einzulassen. Wir bleiben innerhalb der Fakten, der Lebensaggregierungen, denen gefährdete Menschen konfrontiert waren und strukturell und möglicherweise auch quantitativ homolog gegenwärtig konfrontiert sind.

Kann die Psyche dessen stabiler gewesen sein als der durchschnittliche Reaktions- und Empfindungspegel heute, der mehrmals in seinem Leben zwischen zwei verheerenden Pestilenzen nur Gnadenfristen der Verschonung erlebte, wie die Menschen des 14. bis zum Beginn des 18. Jahrhunderts[16]? Wie ist es mit der psychischen Invarianz der vielen Millionen bestellt, welche die Pest als Strafe Gottes für die zum Himmel schreienden Fehlhandlungen einer höchst unvollkommenen Menschheit erlebt haben? Allein zwischen 1347 und 1480 rasten acht große, allgemeine Pestilenzen über den Kontinent hin, nicht gerechnet die regionalen Seuchenzüge und die altersspezifischen Kinderpestilenzen. Sie vor allem erzeugen die eminente „Heilsangst" der Menschen an der Schwelle der Neuzeit, die erst durch die Versicherung unbedingter Gnadenzusage Gottes durch die Reformatoren gelöst wird. „Die kräftigen, aber gleichsam kalten

[13]) Außer der in Anm. 74 zit. Arbeit von FRÖHLICH, S.: Die soziale Sicherung bei Zünften und Gesellenverbänden; die neueren Arbeiten: BOG, I.: Über Arme und Armenfürsorge in Oberdeutschland und in der Eidgenossenschaft im 15. und 16. Jahrhundert. In: Jb. f. fränk. Landesforschung 34/35, 1975, S. 983 - 1001; FISCHER, T.: Städtische Armut und Armenfürsorge im 15. und 16. Jahrhundert. Göttinger Beiträge z. Wirtsch. und Sozialgesch., Bd. 4, Göttingen 1979. Diese Schriften werden zitiert im Hinblick auf das Problem der „Sicherheit".

[14]) MURCK, M: Soziologie der öffentlichen Sicherheit, S. 1.

[15]) Das Zitat: ebd., S. 183; die weiteren Informationen: S. 161, 164, 98, 40.

[16]) Vgl. zur Pest allgemein den großen Artikel „Pest und Pestanstalten". In: KRÜNITZ, J. G.: Ökonomisch =technologische Encyklopädie oder allgemeines System usw., 109. Teil, Berlin 1808, 1 - 198; NOHL, J.: Der schwarze Tod. Eine Chronik der Pest 1348 - 1720, Potsdam 1924; Zur Soziologie der Pestbevölkerung: BOCCACCIO, G.: Einleitung in das Werk „Decameron" (in vielen Auflagen); zu den langfristigen Folgen: Wilhelm Abel; Agrarkrisen und Agrarkonjunktur usw. (2. Aufl. 1966).

Farben, in welchen GIOVANNI BOCCACCIO für Florenz oder auch die Limburger Chronik die dissoziierenden Kräfte der Pest bzw. die todesverängstigten Prozessionen der Geißler in Westmitteldeutschland geschildert haben, zeigen die Pestilenzen als unabhängige, wirtschaftsexogene Katastrophen, die das individuelle wie das zwischenmenschliche Verhalten tief beeinflußt haben. Die Gemüter beben im Seelenklima des Todestanzes . . ."[17]. Die Pest und andere Katastrophen wurden erlebt,wie uns dies DANIEL DEFOE nach den Aufzeichnungen seines Onkels HENRY ROE überaus bildhaft schildert: „. . . aber soviel ist gewiß, daß Bücher wie z.B. LILLYS „Almanach", GADBURYS „Astrologisches Vorhersagen", „Der Almanach des armen Robin" u.a.m. die Menschen in fürchterlichen Schrecken versetzten; auch andere, angeblich religiöse Bücher, von denen das eine den Titel trug „Komm heraus, mein Volk von dort, sonst wirst Du teinehmen an ihren Pestilenzen", „Aufrichtige Warnung", oder „Englands Mahner" und viele ähnliche, die alle oder zum größten Teil, verdeckt oder offen, den Untergang der Stadt verkündeten. Ja, einige waren sogar so besessen, daß sie unbekümmert auf den Straßen herumrannten und ihre Voraussagen hinausriefen und dabei behaupteten, geschickt zu sein, der Stadt Buße zu predigen; einer vor allem schrie, wie JONAS in Ninive, durch die Straßen: „Noch vierzig Tage, und London wird vernichtet werden"[18]. Ich weiß aber nicht genau, ob er von vierzig oder ein paar Tagen sprach. Der Tod stand ihnen vor Augen, und jeder dachte schon an sein Grab, nicht an Vergnügen und Zerstreuungen.

Aber selbst ein solch heilsames In-sich-gehen, welches, hätte man es richtig genützt, die Menschen zu ihrem Heil dahin gebracht hätte, auf die Knie zu fallen, ihre Sünden zu bekennen und zu ihrem gnädigen Erlöser um Vergebung aufzuschauen und sein Mitleid in dieser Zeit des Elends zu erflehen, wodurch unsere Stadt ein zweites Ninive geworden wäre - es bewirkte in den einfachen Menschen, daß sie in ein anderes Extrem fielen, da sie - dumm und unwissend in ihrem Nachdenken, wie zuvor tierisch, schlecht und gedankenlos - nun von ihrer Furcht zu Handlungen äußerster Torheit hingerissen wurden; und wie sie, was ich schon erwähnte, zu Zauberern und Hexen und allen Arten von Betrügern rannten, um von diesen zu erfahren, was aus ihnen würde (und diese nährten ihre Furcht und hielten sie in dauernder Aufregung und Unruhe, um sie um so leichter zu betrügen und ihnen die Taschen zu leeren), so liefen sie wie verrückt zu Quacksalbern und Kurpfuschern und zu jedem alten Kräuterweib, um sich Medizin und Heilmittel zu kaufen, und stopften sich derart voll mit Pillen, Tränklein und angeblichen Vorbeugungsmittel, daß sie nicht nur ihr Geld verloren, sondern sich gar schon vorher vergifteten aus Angst vor dem Gift, der Ansteckung, und der Pest den Boden bereiteten, statt sich vor ihr zu schützen"[19].

Kann „Unsicherheit" als Befindlichkeit je intensiver erlebt werden? Wir dürfen folglich einer Aussage PETER R. HOFSTÄTTERS vertrauen, die keinen Ort in einer bestimmten Zeitspanne hat: „Sicherheit kennzeichnet niemals einen Zustand schlechthin, sondern immer die Besonderheit von Entscheidungen angesichts von Möglichkeiten, die sich nur als Wahrscheinlichkeiten im Hoffen und Fürchten vorwegnehmen lassen"[20].

HANS FREYER hat „Sicherheit" eine „Kategorie der Industriekultur" genannt. Dies ist gewiß unbestreitbar, Sicherheit und Produktivität sind „Normen" des technischen Planens und Vollbringens. „Normen" haben einen „so eindeutigen Informationsgehalt, daß sie in Handlungen erfüllbar sind"[21]. „Sicherung der Sicherheit" ist die Devise, die „Idee der Betriebssicherheit" durch-

---

[17]) Limburger Chronik des ELHEN VON WOLFHAGEN, TILEMANN, hg. v. WUSS, A. MGH, Scriptores IV/V (1883): Das Zitat bei BOG, I.: Über Arme und Armenfürsorge in Oberdeutschland und in der Eidgenossenschaft im 15. und 16. Jahrhundert. Festschrift f. Gerhard Pfeiffer, Jb. f. Fränkische Landesforschung 34/35, 1975, 985 f.

[18]) DEFOE, D.: Ein Bericht vom Pestjahr London 1665, Sammlung Dietriech, Bd. 296, Bremen 1965, 32.

[19]) Ebd., 43 f.

[20]) HOFSTÄTTER, R.: Was heißt Sicherheit? In: Wo ist Sicherheit? A.a.O., 11.

[21]) KAUFMANN, F. X.: Sicherheit, 38.

waltet die technischen Systeme. Für technisches Handeln gilt: „Die Gefahrlosigkeit der Energieentfaltung wird zur Bedingung der Energieentfaltung selbst . . .“[22]. Produktivität und Sicherheit sind die „Idèes directives“ der Technik und darum präponderant in einem technischen Zeitalter. Sie bedürfen der „Stäbe“, d.h. der Laboratorien, Entwicklungsabteilungen der Industrie, Berufsverbände, Kontrollinstitutionen, Normenkartelle, welche die Leitmaximen in „handlungsrelevante Normen“ umsetzen[23]. Auch sie treten frühzeitig in der europäischen Geschichte auf: die Ratskommissionen zur Gewerbeaufsicht in den Städten spätestens des Spätmittelalters; die Baupolizei, die gewerbliche Feuerstellen technisch determiniert und streng auf ihre Tauglichkeit und Normentreue hin prüft, ehe sie betrieben werden dürfen; die Berg- und Salinendirektionen und vieles mehr.

Es ist nicht auszuschließen, daß die massenhafte Verbreitung technischer Instrumente in allen unseren Mittel-Ziel-Strebungen mittels Masse eine neue Qualität des Sicherheitsbewußtseins geschaffen hat. Nach unseren Erfahrungen mit der Tèchnik könnte dieses Bewußtsein nicht nur unter negativem Vorzeichen stehen. Vorwiegend ist dies also ein Problem der Quantitäten. Im Prinzip ist es nicht neu. Es bliebe als hinreichende Ursache der Ängstlichkeit unseres Zeitalters die Komplexität moderner Lebensvollzüge, die Undurchschaubarkeit alles uns Betreffenden. Sie ängstigt uns ohne Zweifel. Sie ängstigte auch ehedem in den vorindustriellen Jahrhunderten, je weiter zurück, um so mehr, sobald man nur den schützenden „Frieden“ des Dorfetters oder der Mauern der Städte verlassen hatte, um sich dem offenen Raume mit seinen geringen Graden an Organisiertheit zu überlassen. Indes: Ehedem blieb dem Geängstigten der Rückzug in die Privatheit, in die Familie z.B. Sie schützte verläßlich. Es ist wahrscheinlich, daß die Sphären der Privatheit gegenwärtig nicht ausreichen, um Ängste zu sublimieren. Hier zeigt sich ein weites Feld für die vielfältigsten planerischen Aktivitäten. Es gilt nun, dem konstanten geschichtlichen Problem der Sicherheit in bestimmten beschreibbaren vermaschten Handlungsgefügen vergangener Jahrhunderte in ihrem Bezug zum Raum zu Leibe zu rücken. Raum soll sein: eine umgrenzte Fläche, deren Nutzung gesellschaftlich organisiert ist, organisiert freilich in sehr unterschiedlichen Intensitätsgraden. Raum kann im Körper der Erde innerhalb seiner Oberfläche, in der Oberfläche selbst und im Luftraum über ihr genutzt werden. Hier geht es nur um die Oberfläche. „Raum“ kann betroffen werden von Handlungsgefügen und Prozessen außerhalb seiner Grenzen (z.B. „äußere Bedrohung“) und innerhalb seiner Grenzen [(innere Sicherheit, Friede, Aufruhr) Verkehrssicherheit, Sicherheit der Versorgung (z.B. mit Energie), technische Sicherheit (Eimer, Wasser), soziale Sicherheit, Integrität der Personen und ihres Eigentums (Kriminalität, Seuchen)]. Sicherheit und Gefahr im Raume differenzieren sich nach einigen Kriterien, die in eine Matrix eingebracht werden können: lokalisierte Gefahrenquelle, mobile Gefahrenquelle, mobile grenzüberschreitende Gefahrenquelle, Dichte der Besiedlung des Raumes, Dichte der Nutzung des Raumes.

---

[22]) Ebd., 62.

[23]) Ebd., 61.

Matrix der Funktionsbezüge von Raum und Sicherheit (Sicherheit = abhängige Variable)

	Sicherheit Gefahren, Gefahrenquellen, Grade des Gefährdetseins					
Raum	Kriegs- und Gewalt-handlungen	Innere Sicherheit Landfrieden	Innere Sicherheit Kriminalität	Innere Sicherheit Energie	Innere Sicherheit Feuer-Wasser	Innere Sicherheit Seuchen
Dichte Lebens-vollzüge	— b) u. c)	+ b)	+ a)	— a)	— a)	— b) u. c)
Verdichtete Lebensvollzüge (Kleinstadt, Dorf)	+ b) u. c)	∅ b)	— b) u. c)	+ a)	∅ a)	∅ b) u. c)
Vereinzelung der Lebensvollzüge (Einöden, Weiden)	+ b) u. c)	— b)	— b) u. c)	+ a)	∅ a)	+ b) u. c)
Offenes Land mit relativ hoher Verkehrsdichte	+ b) u. c)	∅ b)	+	0	0	∅ b) u. c)
Offenes Land mit geringer Verkehrs-dichte u. Wüsteneien	+ b) u. c)	— b)	— b)	0	0	+ b) u. c)

Legende:

a) lokalisierte Gefahrenquelle; b) mobile Gefahrenquelle; c) mobile, grenzüberschreitende Gefahrenquelle.
Intensitätsgrade: groß (+); durchschnittlich (∅); klein (—); nicht betroffen (0).

II. Die „äußere" Sicherheit

Das große Reich der deutschen Kaiser im Mittelalter umfaßte die Provinzen des Römischen Reiches in Süd-, West- und in Mitteleuropa, ohne die Iberische Halbinsel und die Britischen Eilande, sowie die germanischen Stammesgebiete Europas, die vom fränkischen Staatsvolk alsbald römisch-kulturellen Einflüssen unterworfen waren. Die randständigen Völker im Westen, wie die Angrenzer im Osten, alles Land also jenseits der Reichsgrenzen, war von Gesellschaften geringen Organiationsgrades bevölkert, welche das Reich nicht gefährden konnten. Daß dies für die Sicherheit der vielfältigen politischen Räume im Inneren des Reiches wenig bedeutet, werden wir sehen, wenn die „innere Sicherheit" erörtert werden wird. Wenn wir von den Rom- und Kreuzzügen absehen, scheint der Hundertjährige Krieg der erste einschneidende, flächendeckende Konflikt gewesen zu sein, denn in den Rosenkriegen Englands traten sich Fraktionen eines Standes mit der Waffe gegenüber, Minderheiten des englischen Adels, die sich gegenseitig ausrotteten, dem Lande aber keine Katastrophe bescherten. Die Folgen der Auseinandersetzung sind also schichtenspezifisch. Im Hundertjährigen Krieg, der mit Unterbrechungen von 1357 – 1459 insbesondere auf französischem Boden zwischen England und Frankreich tobt, treffen zum ersten Male Ritterheere, unterstützt durch Artillerie, aufeinander[24]. Die Flächenwirkungen sind bedeutend, und man hat schwere negative Kriegsfolgen der langen Frist beobachtet. Freilich wird man die Pestfolgen des Spätmittelalters von den Kriegsfolgen subtrahieren müssen, was meines Wissens noch nicht versucht worden ist. Die normannischen Kanalinseln jedenfalls sind bis zum heutigen Tage in englischem Besitz geblieben.

Die regelmäßigen kriegerischen Auseinandersetzungen der sich konsolidierenden Nationalstaaten untereinander beginnen mit dem Einbruch Frankreichs in die Ausgewogenheit der kleinstaatlichen italienischen Machtgleichung am Ende des 15. Jahrhunderts. Nationalstaatliche kriegerische Konflikte werden zum Signum der Bedrohung von außen für alle Staaten. Das europäische 16. Jahrhundert zählte nur 25, das 17. nur 21 kriegsfreie Jahre. Auch die Idee des europäischen Gleichgewichts, die sich im Frieden von Utrecht 1713 am Ende des Spanischen Erbfolgekrieges manifestierte, reduzierte die Kriege nicht. Sie garantierte mit Systemen kollektiver Sicherheit (Allianzen) in wechselnder Zusammensetzung, daß keine Macht die Hegemonie in Europa zu erringen vermochte, nicht Habsburg, nicht Frankreich und nicht England. Sie hat aber lange und teure Kriege zwischen den Koalitionen nicht verhindert. All dies vertrug sich mit nationalem Sicherheitsstreben. Als GUSTAV ADOLF VON SCHWEDEN 1632 mit seinem Heere bei Nürnberg lag (eigentlich westlich von Fürth), wurde er vom Rat der Stadt Nürnberg nach seinen Kriegszielen gefragt. Er antwortete: Sein Ziel sei Sicherheit. Sie zu garantieren zogen er und seine Nachfolger für Jahre mit großem Heere durch Europa. Die Fama der Schweden ist allenthalben noch lebendig, radiziert auf „Schwedenschanzen", „Schwedentrunk", „Morgenstern" u.a.m. Keinem anderen Krieg Europas ist so viel Nachleben beschieden. Alle Wüstungen hat man ihm in die Schuhe geschoben, obwohl die meisten von den Verlusten der Pestilenzen des 14. und 15. Jahrhunderts herrühren. Er galt als die Katastrophe schlechthin und hat in der Tat rund 40% der Bevölkerung gefordert[26].

---

[24]) BOG, I.: Krieg und Wirtschaft im 16. Jahrhundert. In: Krieg, Militärausgaben und wirtschaftlicher Wandel. Grazer Forschungen zur Wirtschafts- und Sozialgeschichte Bd. 4, hg. v. PICKL, O., 1980, 6.

[25]) HUBATSCH, W.: Die Idee der kollektiven Friedenssicherung. In: Wo ist Sicherheit?, 113. Hier können die vielfältigen Friedensbemühungen der politischen Kultur Europas nicht extensiv dargestellt werden. Zu den Bündnissen auswärtiger Mächte mit inneren Oppositionen vgl. DICKMANN, F.: Friedensrecht und Friedenssicherung. Studien zum Friedensproblem in der Neuen Geschichte. Kleine Vandenhoeck Reihe 321, S. 41. Zur Formalisierung des Krieges: ebd., S. 103. Zu Königs- und Gottesfrieden: ebd., S. 106. Zur internationalen Schiedsgerichtsbarkeit: S. 110 f. Zu den gesamteuropäischen Friedensplänen: ebd. S. 112 ff. Zur kollektiven Sicherheit: ebd. S. 138 f.

[26]) FRANZ, G.: Der Dreißigjährige Krieg und das deutsche Volk. Quellen und Forschungen zur Agrargeschichte, Bd. 17, Stuttgart, New York 1979, 59. vgl. dazu die Karte 18.

Während der Napoleonischen Kriege trat ein neuer Typus nationalen Antagonismus auf den Plan: der des kontinentalen gegen den maritimen Imperialismus. Freilich berührte er die Räume des Kontinents kaum.

Dennoch, wie grausam individuelle und kollektive bzw. institutionelle Gewalt auch Leib, Leben und Eigentum zwischen 1618 und 1648 angegriffen haben mögen, Gewalt dieser Art blieb vereinzelt[27]. Die Bevölkerung wurde vernichtet durch die Pest, insbesondere der Jahre 1632 - 1634. Sie entleerte das Land dauerhaft und dezimierte die Städte. Die Produktionsmittel im Raume, Mühlen, Produktionsstätten des Eisengewerbes und bäuerliche Betriebe, verfielen.

Auch dieser exorbitante, lange Krieg baute sich auf aus mehreren Phasen verdichteter militärischer Aktivitäten zwischen Phasen der Gewaltlosigkeit. Wichtiger ist, daß prinzipiell die Räume des Reiches nach ihrem Funktionswert sehr differenziert betroffen worden sind. Die Pflege Coburgs z.B. lag im Schnittpunkt der nord-südlichen und ost-westlichen Heerstraßen, der Nürnberg-Leipziger, Nürnberg-Erfurt-Hamburger und einer Prag-Frankfurter Straße. Die Pflege wurde folglich weitgehend vernichtet[28]. Die Räume an den großen Heerstraßen aus dem Schwäbischen über Ansbach nach Nürnberg und weiter nach Böhmen blieben relativ auf das Coburger Land nur schwach geschädigt. Der Zeittakt der Kampfhandlungen, Durchmärsche und Besatzungen gab einem obrigkeitlichen Schadensverhütungssystem gute Chancen. Es bestand aus den Systemteilen: Informationsgewinnung, Nachrichtenübermittlung, Heeresgeleit, Proviantvorsorge, Evakuierung und Korrumpierung der hohen Truppenoffiziere. In diesen Aktivitäten kräftigten sich die Regierungskompetenz von Fürst und Räten auf der einen und das Staatsbewußtsein der Untertanen auf der anderen Seite in einem Maße, daß die innere Sicherheit nach dem Dreißigjährigen Krieg, anders als vor ihm, leidlich gewährleistet werden konnte[29].

Von allen anderen Kriegen des vorindustriellen Zeitalters, mehr als vom Dreißigjährigen, insbesondere für die Kriege nach ihm, gilt, was der große Enzyklopädist des 18. Jahrhunderts, JOHANN GEORG KRÜNITZ, schrieb: „In dem Kriege, diesem fürchterlichen Schreckensbilde aller Sterblichen, besonders der Gewerbs- und Nahrungstreibenden, hören zwar die bürgerlichen Geschäfte nicht gänzlich auf; ein großer Teil derselben bekommt vielmehr dadurch eine größere Betriebsamkeit und Lebhaftigkeit, als er vielleicht sonst in dem ruhigen Schoße des Friedens gehabt hat. Nicht nur die Krieger und selbst waffenführende Bürger haben durch rechtmäßige Beute, verdoppelten Sold und großmütige Belohnungen ihrer Anführer und Befehlshaber ihre Umstände auf die Zukunft zu verbessern Gelegenheit; auch die Einwohner des Vaterlandes, welche zuhause geblieben sind, können bei ihren mannigfaltigen Nahrungsarten ohne Schaden erhalten, jawohl gar durch die Schätze, welche die kriegsführenden Mächte zu verbreiten genötigt sind, bereichert werden. Die Geschichte aller Kriege bestätigt dieses". „Hätte der Krieg lauter üble Folgen, die durch keine Weise und vernünftige Gegenmittel abgewendet oder mindest so gemildert werden können, so würde unser Erdball, dieser Wohnplatz so vieler unfriedfertiger Geschöpfe, so groß und ausgebreitet er auch in seinem Umfange ist, schon längst gänzlich zerstört worden sein"[30].

---

[27]) BOG, I.: Die bäuerliche Wirtschaft im Zeitalter des Dreißigjährigen Krieges (1952), 114; FRANZ, G.: Der Dreißigjährige Krieg und das deutsche Volk, 5.

[28]) FRANZ, G.: Der Dreißigjährige Krieg und das deutsche Volk, 39.

[29]) BOG, I.: Die bäuerliche Wirtschaft, passim, besonders 102 ff. Natürlich wirkt hierbei auch, daß der Krieg die katastrophenhafte relative Überbevölkerung der Vorkriegszeit beseitigt und somit nach dem Kriege Arbeitsplätze für Arbeitswillige zur Verfügung stehen. Das Problem der berufsmäßigen Landfahrenden und Marodeure erschien freilich alsbald wieder und forderte Fürsten und Regierungen heraus.

[30]) BOG, I.: Krieg und Wirtschaft im 16. Jahrhundet. Hier auch Ausführungen zur Entwicklung der Heeresstärken, der Strategie und der Kriegskosten.

Im Hinblick auf die Räume ist eindeutig: die Kriegführenden umgehen den befestigten Stadtraum, soweit die Strategie dies zuläßt. Schlüssellagen freilich werden gestürmt. Der ländliche Raum trägt die Lasten der Heeresbewegungen und des strategischen Heerlagers. Von den Kriegsseuchen werden Stadt und Stadtraum sehr viel stärker betroffen als die ländlichen Räume[31].

Raumschonende Maßnahmen der Heerführer wie Schadensabwehrsystem der Behörden in den Kriegsräumen lassen sich dem Begriff „Taktik" unterordnen. Es ist wahrscheinlich, daß sich in Kriegen der Gegenwart mit konventionellen Waffen ähnliche Aktionen – Folgengefüge finden lassen. Gibt es auch Vergleichbares in den Strategien jener Jahrhunderte mit den Strategien der Gegenwart, im Zeitalter atomarer Bedrohungen? Einen gemeinsamen strategischen Aspekt scheinen die Taktiken der Kriegsschadensverhütung und des Bevölkerungsschutzes in den vergangenen Jahrhunderten mit heute in der Tat zu haben. Er läßt sich fassen mit den Worten von WOLF GRAF VON BAUDISSIN: „Man kann nicht beides haben: Kriegsverhütung durch gegenseitige Abschreckung und einen Bevölkerungsschutz, der diesen Namen verdient. Es kann jedenfalls kein Zweifel darüber bestehen, daß Schadensherabsetzungsstrategien den kriegerischen Konfliktaustrag für den Angreifer risikoloser und damit wahrscheinlicher machen"[32]. Wir werden sehen, wie weit die Analogie reicht.

Zunächst sind die Unterschiede der historischen Großlagen zu skizzieren. Als Angriffsoptionen des Warschauer Paktes (WVO) werden genannt:

a) der Krieg, der, auf Europa begrenzt, mit konventionellen und nuklearen Waffen geführt wird,

b) der Großangriff auf Europa mit konventionellen Mitteln,

c) der Überraschungsangriff mit beschränkten Zielen und Mitteln,

d) der nukleare Entwaffnungsangriff gegen die Nato mit SS 20 und deren Derivaten[33].

a) und d) stehen selbstredend außerhalb jedweden unmittelbaren Vergleichs. Nicht a priori auszuschließen ist indes, daß der Gegenwart keineswegs prinzipiell neue diplomatisch-strategische Instrumente relativ auf die Jahrhunderte der Neuzeit zur Verfügung stehen, sondern daß die Weltmächte und ihre Bündnispartner heute sich aus dem Fundus internationaler Konfliktregelung bedienen, der in den Jahrhunderten der frühen Neuzeit angesammelt worden ist. Ohne historische Vorläufer im Europa der Neuzeit ist zweifelsohne der ideologische Antagonismus der sich existenziell bedroht gegenüberstehenden Mächtegruppen. Dieser Antagonismus hat sich in definierten Systemen gesellschaftlicher Institutionen und Vorgänge verfestigt, die nicht in einem dritten System aufhebbar, sondern nur eines in das andere unter Verlust der Identität zu transformieren sind. Ähnliches manifestierte sich in der frühen Neuzeit nicht einmal in den unerbittlichen Kriegen islamischer gegen die christlichen Völker. Die ökonomischen wie die ethnisch ausgezeichneten Lebensvollzüge in den türkisch besetzten Gebieten wurden nicht nachhaltend gestört[34]. So weit das Unvergleichbare.

Dennoch gab es säkulare politische Interessengegensätze, die sich in säkularen Allianzen dokumentierten und von diesen Allianzen eingedämmt oder auch militärisch ausgetragen wurden mit dem Ziele, das politisch-militärische Gleichgewicht zu bewahren oder wiederherzustellen, wenn es temporär gestört worden war. Die Gleichgewichtsidee wird dem englischen Kardinal WOLSEY zugeschrieben. In dem säkularen Kampf des Hauses Habsburg mit

---

[31]) Da die kriegsgefährdete Bevölkerung hinter die schützenden städtischen Mauern einzufliehen pflegte und dort von Seuchen überrascht werden kann, ist es schwer, sich ein Bild von der statistischen Verteilung der raumspezifischen Verluste zu machen.

[32]) GRAF VON BAUDISSIN, W.: Vertrauen auf Gleichgewicht. Ev. Komm., 14. Jg., Heft 7, 1981, S. 397.

[33]) KRAUSE, C.: Militärisches Gleichgewicht. In: Die Neue Gesellschaft, 28. Jg., Heft 7, 1981, S. 624.

[34]) Siehe die Beiträge in: Die wirtschaftlichen Auswirkungen der Türkenkriege, hrsg. v. PICKL, O., Graz 1971.

Frankreich um die Hegemonie in Europa sollte sich England auf die Seite der schwächeren Macht schlagen. Frankreich freilich mißtraute der Kampfkraft einer insularen Macht gegen die kontinentale Übermacht Habsburg, das Frankreich mit den Territorien des Heiligen Römischen Reiches am Rhein und mit Herrschaften in Italien, mit den Ländern des Zwischenreiches Burgund und mit Spanien in die Zange nahm. Ein Gegner im Rücken des Hauses Habsburg schien Frankreich weitaus wirkungsvoller, mit Recht, wie sich erweisen sollte. So kam denn von FRANZ I. bis LUDWIG XIV. das Bündnis zustande, das in der kontinentalen Publizistik vom 16. bis zum 18. Jahrhundert als Verrat am westlichen Europa verurteilt worden ist, die französisch-türkische Allianz. Sie hat gehalten bis zu den Schlachten des Prinzen EUGEN im 18. Jahrhundert, die das islamische Reich auf dem Balkan entmachteten.

In seine volle Funktion als Garant des europäischen Gleichgewichts trat England seit der Mitte des 17. Jahrhunderts, als Frankreich zur hegemonialen Macht erstarkte und die weitaus größten und kampfkräftigsten Armeen des Kontinents mobilisierte. Nun bildet sich zur Abwehr französischer Übermacht die Achse England, die Niederlande, das Reich und die Macht Habsburg mit wechselnden Nebengenossen wie Savoyen usf. Wir nehmen den Erfolg der Gleichgewichtstheorie und ihrer Spielregeln vorweg: das europäische Staatengefüge, gestützt von einer Anzahl größerer Staaten, überlebte eine ganze Epoche unversehrt, obwohl Kriege nicht vermieden werden konnten. Das 17. Jahrhundert zählte schließlich nur 21 kriegsfreie Jahre[35]. Der eine, allerdings gewichtige, Verstoß gegen die Regeln, die drei Teilungen Polens 1772, 1793 und 1795, erschreckte Europa. Selbst nach Frankreichs schwerer Niederlage am Ende von NAPOLEONS 100 Tagen wurde es im Dienste der Gleichgewichtsidee von CASTLEREAGH und METTERNICH als gleichberechtigt und ohne Demütigungen in den Kreis der europäischen Großmächte zurückgeführt. Es hatte Teil an der ersten aufkeimenden europäischen Konförderation, die zwischen 1818 und 1822 in vier Konferenzen zu Aachen, Troppau, Laibach und Verona sich manifestierte. Bis in die hohen Jahrzehnte des 19. Jahrhunderts bewahrte sich der Kontinent sein internationales System.

Gegenwärtig mehren sich die Vorbehalte gegen eine Definition von militärischem Gleichgewicht als Symmetrie und Parität der Waffen und ihrer Leistungen in Ost und West. Jeder Vergleich kann nur eine Momentaufnahme sein. Die Waagschale senkt sich nach der Seite derer, welche die militärischen Optionen der Mächte zu vergleichen wünschen und die Definition von Gleichgewicht an die Erfüllbarkeit des militärischen Auftrags binden[36]: „Gleichgewicht wäre dann nicht auf Symmetrie oder annähernde Parität der Kräfte gegründet, sondern auf die militärische Stabilität der Verteidigung. Gegenüber einem kräftebezogenen Gleichgewicht ergeben sich die folgenden Vorteile:

- ein auftragsbezogenes Gleichgewicht läßt sich berechnen, da die Kräfte auf konstante geographische Größen und eine bestimmbare Zahl von Zielen bezogen werden können
- ein auftragsbezogenes Gleichgewicht ist das Ergebnis eigener Entschlüsse und nicht von beiderseitigen Rüstungsgebaren abhängig
- das Bewußtsein, daß die eigene Verteidigung gesichert ist, schafft Selbstvertrauen und dämpft die Angst, unterlegen zu sein, die bei kräftebezogenen Vergleichen als symptomatisch gelten kann."

„Selbstvertrauen" und „Dämpfen der Angst, unterlegen zu sein," sind befriedende Bewußtseinslagen in einer Situation, in der gesagt werden kann, daß die Kriegsgefahr „. . . vor allem eine Folge der gefährdeten Lage des Sowjet-Imperiums" ist[37]. „Nur im militärischen Bereich ist

---

[35]) HOLBORN, H.: Der Zusammenbruch des europäischen Staatensystems. Urbanbücher, Stuttgart 1954, S. 18 - 37. Der Autor wählte dieses Buch, weil es unter dem unmittelbaren Eindruck des Zweiten Weltkriegs entstanden ist. Vgl. auch BOG, I.: Krieg und Wirtschaft im 16. Jahrhundert., a.a.O.

[36]) KRAUSE, CHR.: Militärisches Gleichgewicht, a.a.O., S. 624.

[37]) v. WEIZSÄCKER, C. F.: Frieden unter nuklearer Drohung. In: Ev. Komm. 14. Jg. Heft 2, 1981, S. 71.

das Sowjetsystem erfolgreich gewesen; hier hat es nuklearen Gleichstand erreicht, ohne seine konventionelle Überlegenheit aufzugeben. Wirtschaftlich und politisch geht die Sowjetherrschaft offenkundig ständig wachsenden Schwierigkeiten entgegen".

Freilich, selbst wenn wir das Kostüm der Zeit abstreifen und die Struktur der politischen Bedürfnisse, Antriebe, Mittel und Ziele enthüllen, ist der Parallelisierung zeitlich versetzter Strukturen eine Grenze gesetzt. Grundständiges läßt sich indes in erstaunlichem Maße parallelisieren.

Es steht außer Frage, daß die antihegemonialen Bündnisse des 16. bis 18. Jahrhunderts sich außerstande sahen, Symmetrie und Parität der Waffenzahlen und Waffenwirkungen in sich selbst und damit gegenüber dem Gegner herbeizuführen, ja auch nur festzustellen, wenn es sie gegeben haben würde. Man kannte die pauschale militärische und finanzwirtschaftliche Schlagkraft (und ihre Grenzen), und man brachte den geopolitischen Standort und die außenpolitische Zielrichtung in das konföderative Kalkül ein. Es bündelten sich spezifisch gerichtete Ziele, wie die Abwehr französischen außereuropäischen Ausdehnungsdrangs durch England, mit dem reinen Selbsterhaltungsstreben der Niederlande oder des Reiches. Gegenwärtig werden drei Strategien verfolgt: gerüstet zu sein für die Erfüllung des Verteidigungsauftrags, Abschreckung, z.B.: durch die Zweitschlagskapazität der USA, und die kooperative Rüstungssteuerung.

„Kooperative Rüstungssteuerung" ist kein Begriff der vorindustriellen Jahrhunderte. Es findet sich auch keine parallelisierbare Aktivität unter anderer Bezeichnung. Es kann aber kein Zweifel sein, daß die Allianzen gegen eine chronische Gefahr, deren Ziel und Zweck nicht verschwiegen worden ist, „Abschreckung" des potentiellen Angreifers bewirken sollten und auch bewirkten, solange die Allianzen stark blieben.

Das Kriegsrisiko des Angreifers war nicht mehr kalkulierbar. Die Verteidiger konnten hoffen, ihre Staatsgebiete, ihren Lebensraum und ihre politische und soziale Identität im ganzen unversehrt zu erhalten. Die historische Erfahrung lehrt: Nur eine vorausschauende politische Lösung schafft Stabilität, die Kalkulierbarkeit des beidseitigen Risikos als Voraussetzung zu minimierender Konflikte.

III. Die innere „Sicherheit"

Wir haben vom Reich im II. Kapitel gesprochen als von einem geschlossenen Staatswesen, das, wie andere europäische Nationalstaaten auch, vom kriegerischen Konflikt in seiner Fläche betroffen wird. So konnte es der einzelne freilich nur in den Spannen heißer patriotischer Wallungen zur Zeit der Türkenkriege und des Kampfes gegen den „Christlichen Türken", gegen Frankreichs hegemoniales Streben unter LUDWIG XIV. im 17. und 18. Jahrhundert erfahren[38]. Vom Mittelalter bis hin zu den preußischen Aggressionen gegen Glieder des Reiches im 18. Jahrhundert erfuhr der Einwohner des Reiches im begrenzten Raume seiner Lebensvollzüge „Staat" vor allem als Agglomeration von autonomen Herrschaften, deren zahllose Konflikte die Integrität seiner Person und seines Eigentums gefährdeten. Die Zahl dieser autonomen Herrschaften verminderte sich im Verlaufe der Jahrhunderte beträchtlich,

[38]) Vgl. BOG, I.: Der Reichsmerkantilismus. Studien zur Wirtschaftspolitik des Heiligen Römischen Reiches im 17. und 18. Jahrhundert, Stuttgart 1959, 18 ff.

die meisten wurden mediatisiert, großflächigen Staaten funktional eingegliedert. Der große politische Raum rief nach institutionalisierter Organisation. Konfliktbedrohte zwischenmenschliche Beziehungen wurden mittels eines differenzierten Vertragsrechts in Verträgen domestiziert, der offene Konflikt rechtlichen Verfassungsregeln und dem Gericht überantwortet. Zweifelsohne wuchs die allgemeine „Sicherheit" vor allem seit der zweiten Hälfte des 17. Jahrhunderts.

A. Landfrieden und Verkehrssicherheit sowie Sicherheitspolitik der Städte

Unbestreitbar ist, daß „Sicherheit" als Kriterium der gesamten gesellschaftlichen Befindlichkeit durch die politischen Theoretiker Englands im 17. Jahrhundert, durch THOMAS HOBBES, JOHN LOCKE und JAMES HARRINGTON vor allem, in den Verfassungsrang befördert worden ist. Die aufstrebende „Eigentumsgesellschaft" der Besitz-Individualisten[39)] bedurfte in extremem Maße prognostischer Gewißheit im Hinblick auf den planmäßigen Ablauf aller Lebensvollzüge, vor allem des ökonomischen Verkehrs[40)]. Das Postulat freilich ist viel älter, und viel älter sind auch die Zustände seiner Verwirklichung. Um die Zeitenwende gibt es Skulpturen als Symbole der „Securitas Augusti". „Das ursprüngliche, auf das politisch stabil und glücklich gepriesene Augusteische Zeitalter verweisende Attribut „Securitas Augusti" läßt den politischen Hintergrund der Personifikationen und ihres Entstehens ahnen". Zweifellos konnte ein relativ hohes Maß vor allem an Rechtssicherheit gewährleistet werden[41)].

Unbedingtes Postulat politischen Gestaltens und gesellschaftlicher Befindlichkeit ist „Sicherheit" immer gewesen, auch dort, wo literarische Kritik der Wirklichkeit „Sicherheit" in anderen Begriffen verhüllt. „minne und reht" ist die Leitformel dieser Kritik. Sie findet sich in der großen Kodifikation des „Sachsenspiegels". Sie ist aber schon Leitmotiv des althochdeutschen Gedichtes „memento mori", das sein Ideengut mit den Gottesfriedensbeschlüssen etwa von Lüttich 1082, Köln 1083 und Mainz 1085 teilt. „Minne und Recht" schließen die Fehde, die agonale Auseinandersetzung, aus. Die Menschen sind von Adam her in eine Familie eingebunden. Sie haben sich einander nicht durch genetische oder ethnische Entwicklungen entfremdet, sondern durch moralische Verfehlungen. Der Arme und der Schwache bedürfen des gerechten Gerichts. Sie finden es nicht, weil sie es allzu teuer erkaufen müssen. Darum werden die Reichen und Mächtigen alle zur Hölle fahren. „Minne und Recht" als allgemeine Lebensformen der Geistlichen und Laien, dies fügt sich in die große Friedensbewegung, die von den klösterlichen burgundischen und lothringischen Reformzentren seit der Mitte des 11. Jahrhunderts ausgeht und durch Europa zieht, alle sozialen Schichten in ihren Bann schlagend[42)].

Seit dem Ende des 12. Jahrhunderts institutionalisiert sich ein – überaus intensives – Bedürfnis nach Sicherheit im Raume in den großen multilateralen Regionalverträgen der „Landfriedensordnungen". Sie sind nach der Fläche ihrer Geltung und nach ihrem Inhalt extrem Raum-bezogen. Landfriedensbünde schützen gegen mobile Gefahren im Lebensraum des einzelnen, der informalen Gruppen und offenen Siedlungen. Unter königlicher bzw. kaiserlicher Autorität schließen sich die Stände, also die mit voller militärischer und polizeilicher Kompetenz ausgestatteten staatlichen Einheiten, unter kaiserlicher Autorität zusammen. Unter des Reiches Panier ficht man gegen den Friedensbrecher. Da die Friedenssicherung Geld kostet, verleiht der König den Landfriedensständen einen Zoll. Er allein ist dazu befugt, und mit dem

---

39) Hierzu erschöpfend: MAC PHERSON, C. B.: Die politische Theorie des Besitzindividualismus von HOBBES bis LOCKE, Frankfurt 1967, besonders 61.

40) KAUFMANN, F. X.: Sicherheit, 52.

41) INSTINSKY, H. U.: Sicherheit als politisches Problem des römischen Kaisertums, Baden-Baden 1952.

42) KUHN, H.: Dichtung und Welt im Mittelalter, Stuttgart 1959, 108 ff.

Landfrieden endet auch die Zollberechtigung. Der Landfriede gewährt vor allem Sicherheit vor dem Zugriff des Adels auf Leib und Gut der Menschen, die hilfloses Objekt der gewalttätigen Akte zur Wahrung faktischen oder vermeintlichen adeligen Rechts mittels Fehde werden. Die Prozedur der Fehde wird humanisiert. Das Fehderecht wird an allgemeine Regeln gebunden, insbesondere die Fehdeansage. Im fränkisch-bayerischen Landfrieden von 1407 wird eine Fehde nur dann rechtens, wenn „offene Briefe" getauscht worden sind. Danach war eine Friedensfrist von 6 Wochen einzuhalten, die Gelegenheit zur gütlichen Regelung des Konflikts bieten sollte, ehe der Feind angegriffen werden durfte[43]. Verstöße gegen diese Regel wurden als Gewaltverbrechen geahndet. Die Fehdeführenden selbst waren als die unmittelbar Betroffenen zum Zwecke des Kampfes gegeneinander nur selten verfügbar. Folglich gehörte „Schadenbringen" den an sich Unbetroffenen, also den Untertanen und Freunden und Geschäftspartnern des Gegners, zum legitimen Recht des Fehdeführenden[44]. Wer die Leidtragenden im Fehderaum waren, zeigen die Sondersicherungen für Personen und Sachen, die in den Landfriedensinstrumenten statuiert werden: für Kirchen und Klöster, Ordens- und Weltgeistliche, für Juden, für Vieh im Pflug; 1378 werden Brandstiftungen unter besondere Strafe gestellt und öffentliche und lebeswichtige Einrichtungen besonders privilegiert: Vor allem anderen die Straßen, Kirchen und Kirchhöfe, Klöster, Mühlen (sie lagen oft vereinzelt), Pflüge mit Pferden und Ochsen (sie bewegen sich außerhalb der Dorfetter und somit des dörflichen Friedensbereiches), Weinberge usw. Der Vollzug des politischen Lebens und das militärische Training, die Besucher von Turnieren und fürstlichen Versammlungen also, mußten privilegiert geschützt werden, desgleichen die Teilnehmer an gerichtlichen Zweikämpfen[45].

Im Blickwinkel der „Sicherung des Landes" treten die Menschen nicht mehr so sehr als Adelige, Bürger und Bauern und Arme (durchaus ein „Stand") und Landfahrende auf, sondern als „geschützter Mann" gegenüber dem „schädlichen Mann".

Die Landfriedensbünde folgen einander besonders schnell, in Abreden mit den Schwäbischen Bünden, alsbald ganz Süddeutschland deckend, als die Pestilenzen, die Großseuchen der zweiten Hälfte des 14. und des 15. Jahrhunderts, die Bevölkerung ausdünnen, die Agrarbevölkerung und alle, die ein von der Agrarwirtschaft abgeleitetes Einkommen beziehen - der grundherrliche Adel aber auch die Landfahrenden -, in große Not stürzen[46]. Nun formieren sich die „Bösen Gesellschaften", Bettler- und Straßenräuberbanden, deren statistische Schwankungen prinzipiell abhängig sind vom ökonomischen Trend[47]. Sie gefährden Leben und Eigentum der Lokalisierten wie der Mobilen im Raume zusätzlich zu den adeligen Fehdeführenden.

Obwohl für jeden Landfriedensbund ein Hauptmann ernannt - meist mit dem Blutbann ausgestattet -, auch ein Rat, eine Vollstreckungsbehörde, installiert wurde und genau geregelt war, wie den militärisch eingreifenden Ständen die Aufwendungen wiedererstattet werden sollten, blieb es eine Sisyphus-Arbeit, die Landfrieden zu finanzieren[48]. Wie brennend mußten

[43]) PFEIFFER, G.: Quellen zur Geschichte der fränkisch-bayerischen Landfriedensorganisation im Spätmittelalter. Schriftenreihe zur Bayerischen Landesgeschichte Bd. 49, München 1975, 13.

[44]) Ebd. 15 (1378).

[45]) Ebd. 9 (1340).

[46]) ABEL, W.: Die Wüstungen des ausgehenden Mittelalters. Quellen und Forschungen zur Agrargeschichte Bd. 1, Stuttgart, 2. Aufl. 1955, 108, 114 ff. Ders.: Agrarkrisen und Agrarkonjunktur, 2. Aufl. 1966 bes. 135 ff.

[47]) Dazu: BOG, I.: Wachstumsprobleme der oberdeutschen Wirtschaft 1540 - 1618. In: Wirtschaftliche und soziale Probleme der gewerblichen Entwicklung im 15. - 16. und 19. Jahrhundert, hg. v.F. Lütge, Stuttgart 1968, 44 ff.

[48]) PFEIFFER, G.: Landfriedensorganisation, 15. Solche Schwierigkeiten sind eine Konstante der Geschichte. Als es im 17. Jahrhundert um den Bestand, zumindestens um die reichsrechtliche Sicherung der Reichsstädte durch kollektive, förderative Maßnahmen ging, scheiterten alle Bemühungen. Vgl. BOG, I.: Betrachtungen zur korporativen Politik der Reichsstädte. Ulm und Oberschwaben, Ulm 1955, 87 ff. Auch die Europäische Gemeinschaft pflegt Finanzprobleme immer erst kurz vor dem Scheitern zu lösen.

die Nöte der gefährdeten Räume gewesen sein, wenn man sich 1393 gemeinsam mit Schwaben entschloß, eine mobile Polizeisondereinheit zu formieren. Einem Hauptmann gab man 30 bis 40 Eleven, berittene Gepanzerte mit Beikämpfern zur Seite, die im Lande „umtraben" sollten[49]. Dies war gewiß kein Luxus, wenn man liest, daß sich im Lande unter dem Vorwand ritterlicher Vereinigungen Räuberbanden bildeten, so daß man bewaffnete reitende Knechte bekämpfen mußte, die keinen im Lande seßhaften Herrn kannten, der für sie im Gericht einstehen mochte.

Die Not disponierte die „Staaten" zu bemerkenswerten Souveränitätsopfern. Sie mußten dem Hauptmann oder einem exekutierenden Mitstand ihre Landburgen öffnen und die Amtsleute und Untertanen unterordnen. Bei handhafter Tat hatten die Amtsleute einzugreifen ohne Ansehung des Herrn. Es war schwierig, die Vollstrecker vor der Rache des Exekutierten zu schützen. Ganze Schlösser durften niedergebrochen werden, wenn aus ihnen der Landfriede verletzt worden war[50].

Nach all dem kann nicht wundernehmen, wenn der Raub als Hauptdelikt bezeichnet wird, widerrechtliche Aneignung von Erbgut, Straßenraub, Münzfälschungen und unrechtmäßige Anmaßung eines Zollrechtes. Dies war ja nur ein Deckname aus adeligem Munde für die Beraubung der Kaufleute. Es ist offensichtlich: all diese Unrechtshandlungen bezweckten gewaltsame Umverteilung von Einkommen, die in Gewerbe und Handel erzielt worden waren, zugunsten der Herren, die sich durch die langfristige Agrarkrise depossediert sahen.

Die Kaufleute, welche den Raum mit Pferden und Güterwagen durchmaßen, wurden schon durch den Mainzer Landfrieden 1235 und durch den Rheinischen Bund 1254 besonders geschützt. Die Banden raubten und mordeten schlechthin. Die Adeligen aber suchten sich an dem Standesgenossen oder der befehdeten Stadt schadlos zu halten, indem sie deren Kaufleute aufhielten und deren Güter pfändeten. Unzählige Male ist die Pfandnahme, auch von den wirklichen Schuldnern, verboten worden (z.B. 1352). Das Verbot hat nie durchgesetzt werden können. Folglich hat man 1368 die Pfändung wieder zugelassen, aber ein Verfahren vorgeschrieben, das die Kaufleute vor den schlimmsten Verlusten schützte. Der Gläubiger mußte das genommene Pfand umgehend aufs nächste Gericht bringen, wo es der Schuldner binnen eines Monats auslösen konnte. Sonst wurde es zu Gunsten des Pfandnehmers verkauft[51].

Wenn man in Betracht nimmt, daß die Städte, insbesondere die Reichsstädte, in den Jahrhunderten der Landfriedensordnungen die Grundlagen legen für ihre kulturellen und ökonomischen Hochleistungen im 16. Jahrhundert, daß Venedig dem oberen Wendepunkt seiner Geschichte zueilt und die zur See fahrenden Völker des Kontinents über die Randmeere Europas hinausgreifen nach Afrika und über den Atlantischen Ozean, wird man nicht bezweifeln wollen, daß es, allen Opfern der Gewalt zum Trotz, gelungen ist, die organisierten politischen Räume und ihre Kommunikationsadern zu sichern. Es hat dann bis ans Ende des Jahrhunderts gedauert, ehe der lokale Adel, in Zeiten heftig steigender Getreidepreise, gezwungen oder durch „Verbeamtung" im fürstlichen Dienst, disponiert werden konnte, die Wahrung seines Rechts dem fürstlichen Obergericht zu überlassen. In der Mark Brandenburg gelang dies erst gar im 17. Jahrhundert. Auch die rudimentäre Revolution des „Großen Bauernkriegs" von 1524 bis 1526 zum Zwecke freier Nutzung von Wasser und Wald, Wunn und Weide, der Güter des intimen bäuerlichen Lebensraums, wurde von einem Bund in der Art der Landfriedensbünde niedergeschlagen.

---

49) PFEIFFER, G.: Landfriedensorganisation, 15 f. (1393, 1427).

50) Ebd., 11 (1377).

51) 1407 wurden die Untertanen aus der Haftung eines grundherrlichen Schuldners herausgenommen. Gepfändete Lebensmittel mußten innerhalb von drei Tagen verkauft werden. Vgl. PFEIFFER, G.: Landfriedensorganisation, 12 f.

52) REINHARDT, L.: Kulturgeschichte des Menschen. Die Erde und die Kultur II, 296.

Schon vor ihr und durch die spätmittelalterliche Krisenzeit hindurch bis hinein in das 19. Jahrhundert, z.B. in Thüringen, dient das „Geleitwesen“ der Sicherung des Verkehrs. Es war samt seinen Rechtsordnungen immer öffentlich-rechtlicher Natur und vom kaiserlichen bzw. königlichen Recht abgeleitet. Die technische Sicherheit der Fahrzeuge überließ man der Sorgfalt ihrer Besitzer. Achsen- und Radbrüche waren folglich häufig und ermutigten die Straßenräuber. Auch Marktorte und Kleinstädte an den Handelsstraßen besaßen Wagner- und Stellmacherbetriebe weit mehr als ihre Größe erklärt. Kunststraßen hatte zuerst das Persische Reich, vorwiegend für Postverkehr. Die „Königsstraße“ führte von Sardes in Lydien nach Susa, 2 500 km durch sicheres Land. HERODOT lobt die herrlichen Unterkunftshäuser[52]. Seit den Reichsstraßen in den römischen Provinzen Mittel- und Westeuropas hat es hier bis zu den Chaussierungen des 18. Jahrhunderts (Macadam-Straßen) keine Kunststraßen mehr gegeben. Die römischen Straßen mit ihren fixierten Spurweiten hatten technische Disziplin der Wagenbauer erfordert. Auch schon in den alten Kulturen Afrikas gab es besondere Organe, welche die Marktflecken, aber auch schon die Anreisewege zu den Märkten sicherten[53]. In allen Kontinenten vereinigten sich die Kaufleute zunächst zu Karawanen und schützten sich durch die eigene massierte Kampfkraft. Der Seeverkehr, selbst in der Ostsee, folgte dem gleichen Prinzip. „Nur wehrhafte Flottenfahrt konnte hoffen, sich gegen die bisherigen alleinigen Nutznießer der Ostseefahrt durchzusetzen“, so wird von den Lübecker Kaufleuten gesagt, als sie beginnen, die gotländischen Seefahrer aus dem Ostverkehr zu verdrängen[54].

Wo „Geleit“ gegeben wird, ist also die Wahrscheinlichkeit, daß der oder die Geleitenden Angreifer kämpfend abwehren müssen, schon ziemlich gering. Man rechnet mit kleiner durchschnittlicher Häufigkeit. Geleit ist die „Zusage an jemanden, daß er auf dem Weg zum und zurück vom Gericht nicht festgenommen, noch sonst behelligt würde, sowie daß er gegen fremde Angriffe geschützt würde“. „Geleit ist auch Schutzversprechen zur Förderung des Handelsverkehrs, Straßen- und Marktfriede, oft Freiheit von Maut und Zoll“[55]. Das Geleit kostet das Geleitgeld. Der Geleitnehmer kauft sich die Sicherheit für Personen und Eigentum von dem Geleitherrn, der sein Monopol der Sicherung auf der Straße ökonomisch nutzt. Er erwirbt damit die Begleitung eines erfahrenen oder mehrerer erfahrener Bewaffneter oder zumindest den Anspruch auf Schadenersatz, wenn das Geleitpapier, das vom Geleitherrn erkauft wurde, in seinem Rechtsgebiet nicht respektiert wird. Das Risiko irreparablen Schadens hatte allemal der Reisende zu tragen. Prinzipiell konnte der Geleitgeber „nur für den Schaden in Anspruch genommen werden, zu dessen Verhütung er sich verpflichtet hatte, also nach der Natur des Geleits nur für den Schaden durch Dritte (Räuber und Wegelagerer), nicht auch für jeden anderen entstehenden Unfall[56]. Der Geleitnehmer erkaufte sich einen „Sonderfrieden“, Sicherheit in den politisch organisierten Räumen, welche die Strecke seines Weges durchmißt[57]. Auch ein sich unschuldig wähnender, gerichtlich Verfolgter oder ein Bankrotteur konnte eine der kaiserlichen Asylstädte - wie Roth bei Nürnberg oder Dürrwangen - nur dann aufsuchen und sicher in ihr wohnen, wenn er so begütert war, die Asylgebühren und die teure Wohnung zu bezahlen. Die „Armen“ und die „Landfahrenden“, sofern sie selbst friedlich sind, genießen nur das Maß von Sicherheit, das die allgemeinen - trendabhängigen (wie wir sahen) - Zustände ihrer jeweiligen Gegenwart gewähren, oder das die jeweilige Obrigkeit garantieren kann. Wichtig für die Straßensicherheit war natürlich die Verkehrsfrequenz, die abhing vom Zentralitätswert der Städte, die sie berührte, bzw. die sie verband. In der Rednitz-Senke

---

[53]) REINHARDT, L.: Kulturgeschichte des Menschen, 297 f.

[54]) RÖRIG, F.: Die Entstehung der Hanse und der Ostseeraum. In: Wirtschaftskräfte im Mittelalter, 2. Aufl. 1971, 550.

[55]) Deutsches Rechtswörterbuch, 3. Bd., Weimar 1935 - 1938, Sp. 1581 / 82.

[56]) Handwörterbuch zur deutschen Rechtsgeschichte (HRG), 1. Bd. 1971, Sp. 1482.

[57]) Ebd.: „Entwicklungsgeschichtlich ist das Geleit ein Sonderfrieden. Es zeigt daher Berührungen mit dem Asylrecht, insb. aber mit dem Königsfrieden (Straßenfriede für den Weg zum König und zum Markt)“.

zwischen Treuchtlingen im südlichen Franken und dem Main wurden die Straßenräuber nicht fett. Wer zwischen Würzburg und Frankfurt den Spessart zu durchqueren hatte, tat gut daran, im Geleit zu reisen. Im Bibertgrund, dem östlichen Teil der alten Reichsstraße Nürnberg – Rothenburg ob der Tauber, der vom Westen her zur Rednitz in den Raum Nürnberg zieht, verkehrten die Menschen mit Pferd und Wagen auf Sichtweite. Etwa 20 Müller lieferten zu Beginn des 17. Jahrhunderts pro Jahr ca. 112500 Wiener Zentner Mehl nach Nürnberg, dies heißt, daß etwa 11 250 Karren zu 10 Zentnern in die Reichsstadt und zurück rollten, ungesehen den Verkehr der Getreidehändler, der Viehtreiber, der Eisen- und der Salzkaufleute, der Eier-, Butter-, Geflügel- und Gemüsefrauen, von Boten und bewaffneten Reitern ganz zu schweigen[58].

Geleitrecht und das Geleit selbst waren sehr kräftige Symbole für die autonome Herrschaft, für die „Staatlichkeit" der Flächenstaaten und der autonomen Städte Europas. Man feilschte um jeden Meter Geleitstrecke. Man spürt noch die Empörung eines im Rechtsstreit vernommenen Geleitreiters, der zu Protokoll gibt: „. . . mir ist auch kund, als ich . . . uf den gleit geritten bin, des mehre dann 40 jahre sind und hon nie anders verstanden, dann das beder herrn gleit in dem floss (Fluß) [geht] wenn net dahin ich allwege gleite han"[59].

Mächtige Städte mit großem Territorium, wie Nürnberg, litten darunter, daß die Geleitreiter des Fürsten von Brandenburg-Ansbach unter den Augen feierlich einziehender Kaiser die Hufe ihrer Pferde auf die Brücken setzen durften, welche den Schutzgraben vor den riesigen Mauern überbrückten. Die Pferde traten gleichsam in eine offene schmerzende Wunde[60].

Bis an die Wende des 18. zum 19. Jahrhundert hat es geleitete Kaufmannskarawanen gegeben, z.B. die Geleitzüge der Nürnberger Messekaufleute nach Frankfurt. Sie sind kein Indikator hoher Unsicherheit, sondern ein technisches Problem. Die Kapazität des Geleitpersonals würde nicht ausgereicht haben, die Kaufherren einzeln zu geleiten, überdies wurden so die Kosten minimiert. Wie ein Relikt aus ganz fernen Zeiten erlebt GOETHE als Kind das Fest des „Geleitstags". Er leitet den Bericht ein: „In jenen älteren unruhigen Zeiten nämlich, wo jeder nach Belieben Unrecht tat oder nach Lust das Rechte beförderte, wurden die auf die Messen ziehenden Handelsleute von Wegelagerern edelen und unedelen Geschlechts willkürlich geplagt und geplackt, so dass Fürsten und andere mächtige Stände die Ihrigen mit gewaffneter Hand bis nach Frankfurt geleiten ließen"[61].

Auch der Stadtraum, den wir definieren als die Fläche der unmittelbaren Jurisdiktion der Magistrate, stellte Probleme der Sicherheit. In den Großstädten der Gegenwart begegnen sich Menschen aus fremden Kulturen, mit den verschiedensten Lebensgewohnheiten, heimatfern, entwurzelt und isoliert, recht gewaltsam. Sie transferieren auch ihre heimatlichen politischen Probleme in das Gastland und beginnen gegenwärtig, sich wahre Schlachten zu liefern. Probleme ähnlicher Art gab es z.B. in den Reichsstädten, die Reichstage beherbergten, auch. Da begegneten im 16. und 17. Jahrhundert gewalttätige ausländische Söldner, z.B. die Spanier aus dem Gefolge KARLS V., den aufgebrachten Bürgern[62], freilich nur für wenige Wochen. Indes scheint es, daß die natürliche Vitalität der Stadtbürger ungleich kräftiger sich auslebte als vergleichsweise die der eingeborenen Stadtbürger der Gegenwart. Die strengen, restriktiven Maßnahmen bei Festen, Schaustellungen und Aufläufen bezeugen dies. Die in den ersten Jahrzehnten des 19. Jahrhunderts mühsam erlernte industrielle Arbeitsdisziplin hat die

---

[58]) Hochgerechnet nach BOG, I.: Die bäuerliche Wirtschaft im Zeitalter des Dreißigjährigen Krieges, 82.

[59]) Deutsches Rechtswörterbuch, 3. Bd., Sp. 1585.

[60]) Vgl. dazu die Mitteilungen KIRCHERS, A.: Deutsche Kaiser in Nürnberg 1500 bis 1612 (Nürnberg 1955).

[61]) V. GOETHE, J. W.: Aus meinem Leben. Goethes Werke, 13. Bd., Reklamausgabe, Auswahl in 16 Bd., Leipig o.J., 12.

[62]) Siehe KIRCHER, A.: Deutsche Kaiser in Nürnberg, 49 ff.

Menschen zweifelsohne diszipliniert. Es ist nicht auszuschließen, daß auch die direkten Zugriffe auf den anderen Menschen sich häufen oder abnehmen mit steigenden oder sich mindernden Ängsten. NORBERT ELIAS meint: „In der Tat ist die stärkere Regelung der Angstquellen, die sich mit dem Übergang zu unserem Gesellschaftsaufbau langsam herstellte, eine der elementarsten Voraussetzungen für jenen Verhaltensstandard, dem wir durch den Begriff der „Zivilisation“ Ausdruck geben“[63].

Natürlich gab es autochtone, innerstädtische Gefahrenquellen. Schon in den Würzburger Stadt- und Landfriedenssätzen von 1296/97 verbot man allgemein, „herzuzulaufen“, wenn Händel entstehen, es sei denn, einer könne den Handel schlichten[52]. Die Meister pflegten die Buben zu schlagen, zu stoßen oder zu werfen und mußten bestraft werden, auch wenn die Buben „wegen verschuldeter Sache“ belangt worden waren[64]. 1337 mußten Gewalttaten gegen Juden in Stadt und Land verboten werden. Gewalttäter wurden daraufhin mit Weib und Kind für immer auf eine Meile aus der Stadt verbannt[65].

1341 wurde statuiert, daß jeder auf vier Wochen und auf drei Meilen aus der Stadt verbannt werde, wer einen anderen mit Fäusten oder mit Hölzern oder mit dem Fuße schlage[66]. 1446 ist Aufruhr zu befürchten, weil die Metzger beim Viehtrieb gehegtes Erbgut beschädigen[67]. 1499 müssen alle Knechte dem Rate schwören „ihren und gemeiner Stadt Schaden wahren, bewahren und fromm werben. Und ob sich bei Tag oder Nacht Auflauf begeben, Fehde, Feindschaft oder Feuershalben, daß ich auf meinen Meister, bei dem ich bin, warten, der Herrschaft und ihm gehorsam sein will“. Auch dies zeigt sich als eine Disziplinierungsmaßnahme gegen den direkten Zugriff[68]. Übrigens: die Sicherheit des Verkehrs in der Stadt stellte gleichfalls Probleme, wie sie sich heute noch stellen. Konstanz verbot nächtliches Schlittenfahren so wie Schneeballschlachten. Die Geschwindigkeit der Fahrzeuge wurde begrenzt, was nur heißen kann, daß Galoppieren der Zugtiere, in manchen Stadtteilen wohl auch schon Traben, verboten wurde[69]. An den verkehrsreichen Markttagen waren für die Fuhrwerke und Karren besondere Abstell- und Verkaufsplätze eingerichtet. Potenziert tauchten diese Probleme in der City Roms im ersten vorchristlichen Jahrhundert auf, als sich in der Millionenstadt eine City ausgebildet hatte: „Die Villenviertel dehnten sich bis an die Albaner Berge. Alte Städte wie Antium lösen sich in luxuriöse Vororte auf. Die großen Unternehmer existierten dort und trafen sich nur noch zu Geschäftsabschlüssen in den neuen Hallenstraßen der City. Sie durchquerten die engen, mit Hochhäusern überfüllten Produzentenviertel mit den berüchtigten Verkehrsstauungen und Verkehrssperrzeiten . . .“[70]. Londons City erstickte im 17. und 18. Jahrhundert an der Unzahl seiner Lohnpferdekutschen.

Man sieht deutlich, und tausendfach läßt es sich belegen: die Stadt trieb alles, was die Sicherheit des Stadtraumes gefährdete, hinaus in die Räume des Landes, Wiederholungstäter wurden gebrandmarkt, so daß sie eine ehrliche Existenz überhaupt nicht mehr beginnen konnten, da

---

[63]) ELIAS, N.: Über den Prozeß der Zivilisation, 1. Bd. Suhrkamp Taschenbuch Wissenschaft 158, 6. Aufl. 1978, 232, Anm. 119.

[64]) HOFFMANN, H.: Würzburger Polizeisätze. Veröffentlichungen der Gesellschaft f. Fränkische Geschichte, X. Reihe, Bd. 5, Würzburg 1955, Nr. 7, 40.

[65]) Ebd., Nr. 10.

[66]) Ebd., Nr. 10, 43 ff.

[67]) Ebd., Nr. 306, 129.

[68]) Ebd., Nr. 385, 211.

[69]) WEISEL, P.: Die Verfassung und Verwaltung der Stadt Konstanz im 16. Jahrhundert. Konstanzer Geschichts- und Rechtsquellen, Bd. VIII, Konstanz 1957, 130.

[70]) BOG, I.: Theorie der Stadt – Funktionsanalyse des Ereignisfeldes Stadt und funktionelle Stadt-Landbeziehung. In: Stadt-Land-Beziehung und Zentralität als Probleme der historischen Raumforschung. ARL: FuS Bd. 88 (Hannover 1974), 47 f.

sie das Kainszeichen der Unehrlichkeit bis an ihr Lebensende an sich trugen. So mußte z.B. Konstanz im 16. Jahrhundert „den gerechten Ausgleich zwischen christlicher Barmherzigkeit und rigoroser Bekämpfung des Landstreicher- und Verbrechertums verfehlen“[71]. Rigorose Kontrollen an den Stadttoren, Leumundszeugnisse auswärtiger Herren, die Landfahrende ja nicht aufzuweisen hatten, bei aller Ehrbarkeit nicht, Polizeibegleitung beim Gang durch die Stadt, ein neuorganisiertes Wächterwesen nicht nur auf den Türmen, sondern auch in der Stadt, flächendeckend, mit Patrouillen und gegenseitigem Anruf, dies waren die Folgen. Jede den Toren nahende größere Menschengruppe mußte dem Rat sogleich gemeldet werden. Mehr als 50 Fremde ließ man überhaupt nicht an einem Tage in die Stadt herein. Man war froh, wenn man mit den Bettlern einströmende „kriminelle Elemente“ und „Brandstifter- und Raubmörderhorden“, vor denen man häufig von Nachbarn gewarnt wurde, am Stadtrand im Seelhaus speisen konnte (nahe einem Blatternkrankenhaus), um sie wieder aus der Stadt zu schaffen[72]. Do ut des: die Gefahren schlugen aus dem ländlichen Raume in die Stadt zurück.

Wir haben von den Pestilenzen und anderen Seuchen und der von ihnen determinierten geringen Lebenserwartung noch nicht gesprochen. Trotzdem ist uns klar: öffentliche Flächensicherheit ist in einem mühsamen Zivilisationsprozeß erst an der Schwelle der Agrarischen und der Industriellen Revolution erreicht worden. Bis dahin entscheiden über den „Sicherheitsstandard“ die Dichte der Sonderfrieden, die gekauft oder standesspezifisch gewährt und gewährleistet werden konnten. In Zeiten tiefster Ängstigung des Pestzeitalters oder in der zweiten Hälfte des 16. Jahrhunderts oder in bestimmten Räumen während des 30jährigen Krieges erzeugten Not und Angst das Bewußtsein grundständigen Bedrohtseins. Ungeachtet des mutmaßlich höheren allgemeinen Vitalitätspegels manifestierte sich ein gewalttätiger Aktionismus aller Stände, die städtischen Großbürger ausgenommen, deren Wohlständigkeit im extremen Maße an der öffentlichen Sicherheit hing. Die Folgen des Aktionismus derer, die, sich entbindend aus den allgemeinen Regeln der Sozietät, unfähig die Krise zu analysieren, Ursache und Folge einzusehen und etwaige Schuld der Institutionen diesen richtig zuzumessen, ihren Lebensplan mit Gewalt verwirklichen wollten, trafen vor allem die ländlichen Räume mit ihren kleinen, meist offenen oder sogar vereinzelten Siedlungen mit geringer Bevölkerung[73].

„Immaterielle Unsicherheit ist ein Strukturelement der hoch-arbeitsteiligen, komplexen Gesellschaft. Sie durchzieht alle Lebensbereiche der modernen Menschen, sie ist ein Universalphänomen in Industriegesellschaften“[74]. Unbestreitbar aber sind die industriellen Gesellschaften nicht die ersten psychisch labilen. Vielleicht ist heute der Komplexitätsgrad der Lebensvollzüge größer. Doch ist dies eine relative Größe, relativ auf das analytische Wissen und die operable Erfahrung, die für die Orientierung eingesetzt werden können. Vergleiche dieser Art zwischen Zeitaltern fehlen. Sie sind auch schwierig. Viele vermeintlich neue Phänomene in unserer Gegenwart haben Entsprechungen in vergangenen Jahrhunderten. „Verlorenheitsangst“ und „Orientierungsnot“ gegenüber feindlichen Lebensaggregierungen disponieren Individuen und Gruppen an der Schwelle der Neuzeit und in deren erstem Jahrhundert, sich von den allgemeinen und den Standesregeln zu entbinden. „Sonderfrieden“ für bestimmte Statusbereiche breiten sich aus, weil der Flächenfrieden nicht gewahrt werden kann. Gewiß sind heute die Individuen und Gruppen, die von allen gesellschaftlichen Verabredungen zurücktreten, nach der Zahl noch nicht so stark wie in der frühen Neuzeit. Stark genug freilich, um unsere Politiker unter das Geleit bewaffneter Kräfte zu zwingen. Die Angehörigen ganzer Funktionsbereiche des öffentlichen Dienstes und der Wirtschaft müssen beschattet werden. In vielen Städten stärken

---

71) WEISEL, P.: Die Verfassung und Verwaltung der Stadt Konstanz, 112.

72) Ebd., 112 f., 135 f., 148 f.

73) Hier wäre über den sehr alten Stadt-Land-Gegensatz, über die Landfluchtbewegung und das Pfahlbürgertum und über die ständische Degradierung des Bauern zu reden.

74) FRÖHLICH, S.: Die soziale Sicherung bei Zünften und Gesellenverbänden. Sozialpolitische Schriften, Berlin 1977, 299.

große Gruppen organisierter Demonstranten die bürgerliche Angst. An den italienischen Nordpässen und an der spanisch-französischen Grenze sperren ökonomische Interessengruppen die verbündeten und verbundenen Staaten. Die Spitze dieser Pyramide der Gewalt bildet die terroristische Gewalt mit Geiselnahmen und Entführungen, Mord- und Bombendrohungen, Bombenanschlägen, Morden und Bandenkriminalität.

Der „Standard der öffentlichen Sicherheit", dies zeigt sich deutlich, sinkt in den Krisenzeiten, negative ökonomische Trends, aber auch Prozesse der Anpassung an neue soziale, technische, auch waffentechnische Phänomene begleitend. Der Pegel der Ängstlichkeit steigt, Schichten brechen aus dem Normengefüge ihres Lebensbereiches aus und verunsichern die Räume staatsbürgerlicher Aktivitäten. In historischen Zeiten wie heute „. . . sind dies eher Personen aus den untersten sozialen Schichten und Randgruppen, aus - damit zusammenhängend - zerbrochenen Familien, aus oder mit Kontakt zu einem ‚Milieu', in dem man es lernt, wie man sich kriminell verhält".[75]).

„Sicherheit" als historisch konstantes Bedürfnis des Menschen mit konstant hohem Rang auf der Präferenzenskala der gesellschaftlichen Erwartungen muß von den politischen Instanzen, die mit dem Gewaltmonopol ausgestattet sind, mit neuen, unkonventionellen Mitteln gewahrt oder wiederhergestellt werden. Die Instrumente, welche die Instanzen ausbilden und gebrauchen, dieser Aufgabe zu genügen, sind sich, unangesehen die Erscheinungsform dieser Instrumente (der ausführenden Sicherheitsorgane z.B.), in allen Zeiten sehr ähnlich.

Der bedrohte Bürger gibt der Schutzfunktion der Polizei, ihrer Präsenz, den Vorzug vor ihrer Ermittlungsfunktion. Das Verständnis für höhere Aufwendungen für die Polizei, die Bereitschaft, Opfer zu bringen für die Sicherheit, wachsen. Man kann es nicht genug unterstreichen, daß es 1393 zu einer supraterritorialen Polizeitruppe kam, welcher die Kompetenz verliehen wurde, die territorialen Grenzen zu überschreiten. Man halte sich vor Augen, daß sich der Verbrecher nach einer Untat im Territorium A gegen Verfolgung zunächst sicherte, wenn es ihm gelang, die Grenze zum Territorium B zu überschreiten. So konzessionslos grenzten sich die Territorialstaaten gegeneinander ab, daß die Richterstühle kondominierter Hochgerichtsbezirke so in die Mitte des Grenzflusses gestellt wurden, daß je zwei Beine in jedem Territorium standen. Höher noch sind die Souveränitätsopfer bei den Öffnungspflichten fester Häuser (Offenhäuser) mitten im eigenen Territorium gegenüber außerterritorialen und überterritorialen Polizeikräften. Sehr ähnliches zeigt sich in den Novellierungen des Polizeirechts in den 70iger Jahren, insbesondere in den Länderabkommen, die polizeiliche Wirkungsräume über die Ländergrenzen hinaus öffneten und die Stabsfunktionen konzentrierten[76]).

Nicht mehr so sehr Einzeldelikte und Einzeldelinquent stehen nun im Mittelpunkt polizeilicher Aktivität, sondern vielmehr Aggregate potentieller Täter und Tatträume. Mit den Begriffen des späten Mittelalters könnte man auch heute sagen: über alle sozialen Differenzierungen wird das kategoriale Schema gestülpt: „geschützter Mann", „schädlicher Mann".

---

[74]) FRÖHLICH, S.: Die soziale Sicherung bei Zünften und Gesellenverbänden. Sozialpolitische Schriften, Berlin 1977, 299.

[75]) MURCK, M.: Soziologie der öffentlichen Sicherheit, S. 118.

[76]) Es ist bewiesen, daß der Ausbau der Polizei in den 60iger und 70iger Jahren keinen erhöhten Schutz der Bürger vor normaler Kriminalität gebracht hat. Auch die Aufklärungsquoten sind nicht nur nicht gestiegen, sondern sogar gefallen. Die erhöhten Aufwendungen absorbiete die Bekämpfung des Terrorismus. Hier geht es aber nur um die sicherheitspolitischen Instrumente an sich. Die Kenntnisse verdankt der Autor seinem Hauptseminar im Sommersemester 1981 „Die Sicherheit des Menschen", insbesondere der Arbeitsgemeinschaft MIKLITZ, H. und BERGMANN, P.: „Die qualitative Entwicklung der Polizei seit Ende der 60ziger Jahre - mehr Sicherheit für den Bürger?". Sie beruht u. a. auf den Publikationen: Innere Sicherheit, Informationen des BMI 23, 1975, und 54, 1980.

Auch eine andere Parallele der Gegenwart zu den oben betrachteten historischen Krisenzeiten kann nicht übersehen werden: die kommerziellen Sonderfrieden. Der käufliche Geleitschutz, dessen Gebühren breiten Schichten des Volkes unerschwinglich sind, die privat besoldeten Schutzknechte der Großkaufleute, die Leibwachen der Fürsten und anderer Repräsentanten staalicher Autorität, die Minigarden regionaler Herren usf., sie alle mindern das Risiko der Mobilität auch in Krisenzeiten in einem Grade, daß diese Schichten beweglich bleiben mit allen politischen und ökonomischen Vorteilen, die sie daraus gezogen haben mögen. Die Opportunitätskosten der Sicherheit für die weniger Begüterten waren hoch: Verzicht auf Beweglichkeit im Raume. Es fehlt an Forschungen, diese Kosten zu schätzen.

In der Gegenwart blühen die Sicherheitsmärkte. Für die Vereinigten Staaten sind sie untersucht. Noch ehe sich diese Märkte bildeten, entstand im Bereich des Werkschutzes ein riesiges privates Sicherungssystem. „Die Anzahl der Personen, die in privaten Sicherungsunternehmen tätig sind, ist vermutlich der härteste Indikator und am besten mit dem staatlichen Aufwand für die Polizei zu vergleichen. Diese Zahl beträgt derzeit schätzungsweise gut ein Drittel der Zahl von Polizisten, den Werkschutz nicht miteingerechnet“[77].

B. Kriminalität

Eigentlich wird in diesem Abschnitt nur fortgesetzt, was uns im vorhergehenden Abschnitt schon beschäftigt hat. Es tritt nur unter einen anderen Aspekt, den der Strafe für die, welche die Sicherheit gefährden. Die Strafen sind drastisch und dem Auge schrecklich, man denke an die Exponate der Gerichteten auf den Galgenhügeln Europas zur Abschreckung potentieller Übeltäter. An Abschreckung glaubte man, ohne Evidenz aus der Praxis zu haben. Diese vermeintliche Abschreckung ist also ein Teil der vorsorgenden Sicherheitspolitik. Was sich allmählich änderte seit der Mitte des 18. Jahrhunderts unter dem Aufruf der aufgeklärten Geister, verrät uns ein Wort VOLTAIRES: „Wo es an Liebe mangelt, ist das Gesetz stets hart ... Die wahre Rechtswissenschaft besteht darin, das Verbrechen zu verhindern“[78].

Bis zur Mitte des 18. Jahrhunderts, in manchen Staaten darüber hinaus, hieß Verbrechen vermeiden Zurschaustellen des kompromißlosen Rechtsvollzugs. „Die Öffentlichkeit der Exekutionen, die Verhängung von 'spiegelnden Strafen', die Hinrichtung von Tieren oder die Strafvollstreckung an der Leiche lassen sich befriedigend wohl nur erklären, wenn man die Strafe als symbolische Handlung im angedeuteten Sinne versteht“[79]. Strafvollzug und „Drohungsexponat“ sind Mittel der Sicherheitspolizei, „der Inbegriff derjenigen polizeilichen Maßregeln, welche den Schutz des Gemeinwesens und des einzelnen entweder gegenüber gefährlichen Personen oder gefahrbringenden menschlichen Tätigkeiten oder gegenüber Unglücksfällen bezwecken“[80].

Die „Drohungsexponate“[81] waren allgegenwärtig, wenn man durch Europa reiste, und somit allanwesend das Symbol der Gefährdung. Sehr viel regelmäßiger, als der leichtsinnige Autofahrer einem schweren Unfall begegnet, in den er nicht verwickelt ist, der sein ungutes Temperament aber für eine kleine Weile zügelt, begegnete der Reisende besetzten Galgen und Rädern, mit Kleiderresten der Delinquenten behangen, mit Knochen umstreut. Diese „Zeichen“ der Dichte

---

77) MURCK, M.: Soziologie der öffentlichen Sicherheit, S. 11.

78) Zit. nach dem Kommentar zu: Das Tagebuch des Meisters FRANZ, Scharfrichter zu Nürnberg, 222. Die bibliophilen Taschenbücher Nr. 160, Dortmund 1980.

79) Ebd., 222, in diesem Sinne.

80) Handwörterbuch der Rechtswissenschaften Bd. VI, 452 (zit. nach KAUFMANN, F. X.: Sicherheit, 82, Anm. 12.

81) Diesen Begriff erlaube ich mir, zum Gebrauch zu empfehlen.

des Verbrechens und somit der Dichte der Gefahren verfolgen wir nun an der Seite eines originellen britischen Journalisten, der 1608 von Calais aus Frankreich, Savoyen, Norditalien mit Venedig, die Schweiz, Deutschland am Rheine und die Niederlande bereiste. Am 14. Mai 1608 ging er in Dover aufs Schiff und erreichte um 17 Uhr Calais in der Picardie [82].

Am 18. Mai vermerkt er: „Ich verließ Montreuil am 18. Mai um 6 Uhr früh der Landessitte gemäß in einem Karren, der mit einer über drei gebogenen Reifen gespannten Plane aus grobem Segeltuch überdeckt war. Wir waren schon am selben Morgen in Abbeville. Zehn Meilen diesseits kamen wir an den Rand eines großen dunklen Waldes, Veronne genannt. Ein Franzose, der sich in unserer Gesellschaft befand, riet uns, unseren Degen griffbereit zu halten, da es vorkomme, daß tückische Schurken, im Gebüsch oder hinter Bäumen versteckt, hier Reisenden auflauerten, zu plötzlichem Überfall bereit, um ihnen die Gurgel durchzuschneiden, falls sie sich nicht als wahre Männer zur Wehr setzen könnten“[83].

Am 30. Mai langte er in Montargies an: „Kurz vor der Stadt bot sich hier ein kläglicher Anblick. Da hingen die zerlumpten Kleiderreste eines Mörders, während seine Knochen elendiglich zersplittert, ringsumher verstreut am Boden lagen“[84].

Am 1. Juni wandert er nach Saint-Geran: „Auf diesem Wege bot sich wieder ein tragischer Anblick, der mich mit Wehmut erfüllte. An einem großen steinernen Galgen hingen 10 Männer in ihren Kleidern. Ihre Cadaver waren schon verwest, und ihre Lumpen umhüllten Gerippe waren alles, was von ihnen noch übriggeblieben war“[85].

In Savoyen ängstigte er sich in Lanslebourg: „Die Straße, auf der ich ritt, war abschüssig, daß mein Pferd, wenn es gestrauchelt wäre, mit mir vier- oder fünfmal die Höhe St. Pauls Kirchturm in London hinuntergestürzt wäre“[86].

Am Sonntag, d. 18. Juni, bricht er in Cremona auf: „Um zwei Uhr ritt ich weiter nach Mantua und kam durch Mirandola, eine hübsche kleine Stadt, zu der mehrere schöne, schattige Straßen führen, die man an beiden Seiten mit Apfelbäumen und Pappeln bepflanzt hatte. Doch schien mir dieser Ort verödet und menschenleer zu sein. Dies hatte seinen Grund: Banditen, die mörderischen Räuber, die in den Alpen und in manchen anderen Teilen Italiens ihr Unwesen treiben, hatten es zu ihrem Aufenthaltsort gemacht und betrachteten es als ihre Zuflucht und ihren sicheren Hort. Sie hatten sich im Schloß festgesetzt, doch da sie des öfteren Ausbrüche unternahmen, um sich auf die Einwohner der Stadt und Durchreisende zu stürzen, um sie ihrer Güter und Leben zu berauben, flößten sie der Bevölkerung so viel Schrecken ein, daß nur wenige Leute sich trauten, in der Stadt wohnen zu bleiben“[87].

Nach längerem Aufenthalt in Venedig war er am 4. August auf dem Marcusplatz Zeuge „eines höchst tragischen und erschütternden Schauspiels“. „Zwei Männer wurden mit dem Strapado gefoltert. Dies geschieht in folgender Weise: der Missetäter, dem man die Hände auf den Rücken gefesselt hat, wird an ein Tau gebunden, das über einen Flaschenzug läuft, und an diesem Tau mit zwei Schwüngen hoch in die Luft geschnellt. Er leidet dabei große Qualen, da seine Gelenke gelockert und auseinandergerissen werden. Während er sich in der Folter befindet, staut sich in seinem Gesicht und seinen Händen so viel Blut, daß sie rot wie Feuer sind“[88].

---

[82]) CORYATE, T.: Die Venedig- und Rheinfahrt 1608. Bibliothek klassischer Reiseberichte, Stuttgart 1970.

[83]) Ebd., 27.

[84]) Ebd., 51.

[85]) Ebd., 54.

[86]) Ebd., 68.

[87]) Ebd., 85.

[88]) Ebd., 155.

Am 16. August wird sein Reisegefährte, ein italienischer Priester, zu Bergamo in der Herberge durch einen Schuß ermordet[89].

In Graubünden vermerkt er, nach dem Gespräch mit einem Landgeistlichen, als bedeutendes Kennzeichen dieses Landes, daß es kein vergleichbares in der ganzen Christenheit gebe: „Selbst wenn ich 1000 Kronen bei mir trüge, könne ich mich hier, ohne Begleitung, unbewaffnet, größerer Sicherheit erfreuen als unter jeder anderen Nation"[90].

In Zürich sieht er am 26. August im Westen der Stadt „kaum eine Meile entfernt . . . die Richtstätte, ein Rasenfleck, der wie ein Platz zum Hahnenkampf ausgelegt ist, in dessen Nähe eine kleine Kapelle steht, wo ein Priester dem armen Sünder geistlichen Trost spendet. In der Kapelle sah ich ein Rad. Sollte ein Missetäter, wie das zuweilen vorkommt, vor Furcht so zittern, daß er sich nicht mehr aufrecht halten kann, wird das Urteil gleich in der Kapelle vollzogen. Vor 14 Jahren hat man drei noble Zürcher gleich hier enthauptet, weil sie vom Beben ergriffen wurden, daß sie umzufallen drohten"[91].

Am 19. September besteigt CORYATE ein „Schiffchen" zu Mainz und fährt nach Köln: „Ich hatte zwischen Mainz und Köln und besonders kurz vor Köln an vielen Orten zu beiden Seiten des Rheins mehr Galgen und Räder gesehen denn je zuvor auf einer so kurzen Strecke. Dies hat seinen Grund, weil die groben Cordydons, gemeinhin Buren und Freibeuter genannt, (ein Name, den man diesen liederlichen und mörderischen Schurken, die vom Berauben und Plündern der Reisenden leben, zulegt, weil sie ihre Beute von den Überfallenen frei bekommen) ausgenommen, man würde sie gefangennehmen, hier in der Nähe des Rheins ihr Unwesen treiben. Sie sind solch blutdürstige und grausame Diebe (die wahrhaftigsten Hyänen und Werwölfe Deutschlands), daß sie selten einen Mann lediglich berauben, ohne ihm gleich die Gurgel durchzuschneiden. Viele von ihnen entwischen, weil die Wälder so nahe sind, in denen sie Unterschlupf finden können, doch wenn man sie fängt, dann werden sie auf das Grausamste gefoltert und auf das Rad geflochten, so wie ich das in meiner Beschreibung von Frankreich geschildert habe. Ich sah noch viele Gebeine auf den Rädern, fürwahr ein grausiger Anblick für einen versöhnlichen Christenmenschen. An dem Galgen sah ich oft Mörder in Ketten hängen, eine Bestrafung, die fast noch zu gut ist für die kyklopischen Anthropophagen und Kannibalen. Auch habe ich davon gehört, daß diese Freibeuter sich auf dem Lande oft zusammenschließen und dann so stark sind, daß man ihrer nicht habhaft werden kann. Ich sah eine Stadt, Remagen, etwa 20 Meilen vor Köln am selben Ufer des Rheins, die vor 10 Jahren von einer Bande von Freibeutern, die an die 3 000 Mann zählte, geplündert wurde. Die Stadt selbst wurde nicht zerstört, aber man raubte den Bewohnern all ihr Hab und Gut, so daß sie in größtes Verderben und bitterste Armut gestürzt wurden"[92].

Am 23. September erlebt er zu Rheinberg, das dem Erzherzog ALBERT gehört, wie ein englischer Duellant erschossen wird, der einen anderen Engländer im Zweikampf getötet hatte. Man band ihn an einen Pfahl, heftete ihm einen Zettel mit einem schwarzen Zeichen auf die Brust und exekutierte ihn durch 12 englische Soldaten einer Kompanie. Er hatte so zähes Leben, daß man mehrere Salven auf ihn abgeben mußte[93].

Es hat keinen Sinn, eine Statistik der Erlebnisse CORYATES erarbeiten zu wollen, weil er die Verbrecher nur selten zählt, die er an seinen Straßen sieht. Dennoch ist sein so sachlicher Bericht höchst eindringlich.

---

[89]) Ebd., 192.

[90]) Ebd., 199.

[91]) Ebd., 226.

[92]) Ebd., 318 f.

[93]) Ebd., 344.

Mit einer Statistik bedient uns hingegen der berühmte Scharfrichter Meister FRANZ zu Nürnberg, der über seine peinlichen Amtsgerichtshandlungen Buch geführt hat[94]. Sie enthält, getrennt nach Hinrichtungen und Leibesstrafen („spiegelnde" Strafen, wie Abhacken der Hände, der Finger, der Ohren, sodann Ausstreichen mit Ruten usw.), alle Exekutionen zwischen 1580 und 1607. Meister FRANZ richtete die Kriminellen, die im Nürnberger Territorium gefangen, verurteilt und ihm überantwortet wurden. Dieses Territorium maß rund 1 200 qkm. In dem Jahrzehnt 1580 – 1589 kamen auf je 12 qkm 2,4 peinliche Amtshandlungen. Die durchschnittliche Häufigkeit nahm in den drei Jahrzehnten bis 1609 um etwa 60% ab. Im Jahr 1577 sollen noch 18 Diebe gleichzeitig am Galgen gehangen haben. Gegen Ende des Jahrhunderts tritt vor allem die Strafe des Erhängens und des Ertränkens, vor allem der Kindsmörderinnen, zurück. Meister FRANZ soll regen Anteil an der Humanisierung des Strafvollzugs genommen haben. Die Todesstrafe wurde aber beibehalten, das Urteil nur eben mit dem Schwerte vollzogen[95]. Da nicht nur die Hinrichtungen, sondern auch die Leibesstrafen abnehmen, können Leibesstrafen nicht an die Stelle der Todesstrafen getreten sein. Daß der „Sicherheitsstandard" sich verbessert habe, wird man bis ans Ende des 30jährigen Krieges nicht annehmen dürfen. Auch von den Delinquenten, die Meister FRANZ vom Leben zum Tode befördert, sind sehr viele Bandenverbrecher, die ja auch den Hauptteil der Kriminellen zu stellen scheinen, von denen CORYATE berichtet. Es bleibt ein ungeklärter Rest.

Kriminalstatistik der Leib- und Lebensstrafen
im Territorium der Reichsstadt Nürnberg 1580 - 1617

Jahrzehnt	Gesamtzahl der		Durchschnitt pro Jahrzehnt auf jeweils 12 km²
	Hinrichtungen	Leibesstrafen	
1580 – 89	116	176	2,45
1590 – 99	89	96	1,58
1600 – 1609	70	57	1,07
1610 – 1617	46	26	0,94

Die Banden blieben ein Problem über den 30jährigen Krieg hinaus. Viele wirkten nicht nach der Taktik des Einzelraubes, d.h. wie ein Einzelräuber, mobil, aber in einem begrenzten Raume, sondern sie zogen in der Art militärischer Formationen, gut organisiert, uniformiert und gut bewaffnet, durch ganze Territorien. Sie mußten durch militärisch geschulte Formationen bekämpft werden. In Luzerner Quellen aus der zweiten Hälfte des 16. Jahrhunderts kann man lesen: da zieht am Dienstag nach Palmsonntag eine Gesellschaft von Brennern und Mördern mit besonderen Wortzeichen . . . in das Luzerner Land. Ein Geselle von dreien (Kundschafter) wird gefangen. Er gesteht, daß sie das Rathaus von Einsiedeln überfallen und verbrennen wollten. Sie sind gleichsam uniformiert und tragen gelbe Pluderhosen, rote Strümpfe, schwarze Wamse, hohe Hüte mit gewundenen Binden und Schwertern an der Seite[96]. Dies sind eindeutig keine

[94]) Das Tagebuch des Meister FRANZ, volles Zit. s. Anm. 64.

[95]) Ebd., Kommentar, 218 f.

[96]) BOG, I.: Wachstumsprobleme der Oberdeutschen Wirtschaft, a.a.O., 64.

Abgemusterten und arbeitslose Soldaten. Im übrigen ist es schwierig, Zivilisten von Berufssoldaten zu trennen. 1601 schreibt JACOB VON BERLICHINGEN, ein markgräflich-ansbachischer Rat: „Das Gesindel raubt und vergewaltigt. In einem Fall wurde ein Mord an einem Ehepaare in der Wohnung begangen. Geflügel wird gestohlen, Leinwand von der Bleiche, Kupfer und Messing mit Androhung von Gewalt genommen, wenn es gemeldet würde." „Und nachdem das herrenlose Gesind in den jüngst verbrachten Zügen, in Ungarn und in das Niederland, die Gelegenheit des Landes ziemlich erlernet, so erfahren wir auch dies dabei, daß ihrer viel allein faule Schlummel, die nie keinen Zug getan, etliche aber sich nur allein von dem Hausieren und Gartieren zu ernähren, ferneren Zug, wie redlichen Kriegsleuten zustehet, mitnichten ferners zu versuchen begehren. In solchem allen aber sein solche Gesellen zuweilen nit ersättigt, daß ihnen des Tags an einem Ort nach Vermögen eine Steuer gereicht würde, sondern sie rotieren sich gemeiniglich, damit sie nicht allein unsere und andere herrschaftliche Untertanen, so auf öde Mühlen, Höfen und Gütern wohnen, ihres Gefallens schätzen und zwingen mögen, sondern in den größeren Flecken verwechseln sie mit ihren Rotgesellen die Kleidungen und kommen also des Tags nicht nur einmal vor eine Behausung . . . besonders die Geistlichen werden geschatzt und drangsaliert".

Man wird nicht erwarten, daß der Große Krieg die öffentliche Sicherheit fördert. Im Jahre 1645 sucht der Nürnberger Wildpretschütz ZUCKERBACHER mit seinen Spießgesellen monatelang den Zenn- und Bibertgrund heim (westlich Nürnbergs). In Begleitung von 12 französischen Reitern schatzen sie die Bauern und nehmen ihnen das Vieh ab. Im Herbst 1648 wird die gleiche Bande vom Wildschützen BÄCKER, einem Lehrjungen ZUCKERBACHERS, geführt. Auch er nimmt den Bauern das Vieh und läßt es pro Kopf mit einem Reichstaler lösen. Man sieht, hier sind gelernte Berufsräuber tätig[97].

Die schweizerischen Kantone helfen sich bis weit in das 18. Jahrhundert hinein mit den „Betteljägi", den Bettlerjagden. Mehrere Kantone, über die sonst trennenden Konfessionsgrenzen hinweg, vereinigten alle ihre bewaffneten Kräfte, Förster, Landjäger, Stadtknechte, Vögte, Amtsleute und Boten, gänzlich geheim und durchkämmten die Territorien von den Grenzen aus konzentrisch. Aus den gefangenen Landfahrenden wurden die „jungen, starken Stirnenstössel", ausgelesen und dem venetianischen Residenten zu Zürich zum Ruderdienst auf den Galeeren verkauft.

C. Die Sicherheit der Versorgung mit Energie

Die Indrustriegesellschaften der Welt nutzten seit mehr als 100 Jahren die fossilen Primärenergieträger Kohle, dann Kohle und Erdöl, in jährlich steigendem Maße, nahezu unberührt von konjunkturellen Schwankungen. 1973 traf die Öffentlichkeiten wie ein Blitz aus heiterem

---

[97]) BOG, I.: Die bäuerliche Wirtschaft, 110 ff.: „So ernst die ewige Unsicherheit von Besitz und Gesundheit auch gewesen sein mag, der Alltag entbehrte nicht der Komik. Am 1. Mai 1634 schreibt JOHANN REISING, Wachtmeister in Forchheim, an die Neuhofer-, Ammerndorfer- und Herrenmühle; die Mühlen sein in Ruh verblieben, und er sei gesonnen, sie in solcher zu lassen, wenn man ihm nur unverzüglich schicke:
15 Ellen Parygan, wenn er doppelt liegt
7½ Ellen zu einem „Allemothe (à la mode) Rock"
4 Dutzend silberfarbene Knöpf
24 Ellen seidene, silberfarbene Gallonen
6 Ellen silberfarbene Boya, ein Lot Näh- und Steppseide
1 schön gestickt Kandelfutter mit Zugehörung
½ Elle roten glatten Samt
12 Ellen Gallonen
1 Paar schöne weichselfarbene Strümpf
N.b 4 Ellen gut Tuch, genau wie beiliegend und 2 Ellen roten Boya.
Man kann sich diesen naiven, silberroten Räuberhauptmann, dem die Welt zwischen Forschheim und Heilsbronn zu gehören scheint, nicht allzu schlimm vorstellen. Der Verwalter hatte weder Humor noch Geld, darum blieb JOHANN REISING ohne „Allemothe Rock", die Mühlen trotzdem unbehelligt."

Himmel die Erkenntnis, daß die fossile Energie, insbesondere der Hauptenergieträger Erdöl, nur noch ein Menschenalter zur Verfügung stehen wird. Seitdem ist in aller Munde, daß Wachstum und Wohlstand gefährdet sind, ja daß ein unmittelbarer Konnex zwischen Kulturniveau und langfristig verfügbarer Energiemenge besteht. Man hätte es freilich längst wissen müssen, wie es die Menschen vieler Jahrhunderte vor uns gewußt haben, deren einzige Energiequelle Holz gewesen ist. Fossile Brennstoffe wie Torf sind nur rudimentär genutzt worden. Erst im 18. Jahrhundert begann man im Saarrevier (nach ersten Versuchen in Hessen und anderswärts) Steinkohle bei der Glaserzeugung einzusetzen. WERNER SOMBART hat noch für die Mitte des 19. Jahrhunderts von einer hölzernen Kultur gesprochen, weil das gesamte Hausgerät, zum Teil noch im Hausfleiß, aus Holz gefertigt worden ist[98].

Alles hing bis zur Mitte des vergangenen Jahrhunderts am Holz: Der Hausbau, die Straßen (Knüppeldämme), die Brücken, der Schiffsbau, der Bau von Deichen, von Schleusen – jeder flößbare Fluß, der Waldgebiete entwässerte oder Salinen oder Erzförderungs- und Verarbeitungsgebiete berührte, hatte welche –, Dämme, Wälle, Zäune, Mühlenwalzen- und -Räder, die frühen Stadtbefestigungen, das Gestänge von Hopfen und Weingärten. Als Nutzholz wurden geschlagen: Birken, Eschen, Rüstern, Linden, Ellern, Buchen, Espen, Nuß-, Apfel-, Birn- und Pflaumenbäume, Wacholder und natürlich die Eiche, der erste Baum, der nachhaltend geschützt werden mußte, weil er von den Köhlern, aber auch von den schwer kontrollierbaren bäuerlichen und städtischen Bauherren, alsbald ausgerottet worden wäre[99]. Der Verbrauch an Nutzholz ist dennoch völlig unbeträchtlich, verglichen mit dem immensen Brennholzbedarf der gewerblichen Großverbraucher.

Die Saline Lüneburg verbrannte unter ihren Pfannen zwischen 1554 und 1799 ca. 10 – 11 Millionen Raummeter Holz. Die Heidewälder des Umlandes waren im 14. Jahrhundert schon gelichtet, 1435 schon wird von Holzfahrten ins Lauenburgische berichtet. Alsbald griffen die Holzhändler nach Mecklenburg aus.

Die Saline Reichenhall verfeuerte um 1600 230 000 Raummeter jährlich, bei einem Drittel Trift-Verlust auf der Salach mußte man 305 000 Raummeter Holz jährlich schlagen. Gewiß hatte der Gebirgswald sehr hohe Holzvorräte, ca 800 Festmeter pro Hektar und einen Zuwachs von 3 – 4 Festmetern pro Jahr und Hektar. Es waren auch strenge Waldordnungen erlassen worden, und qualitative Bauvorschriften hatten Ziegel- statt Schindeldächer, Steinmauern statt Holzzäune vorgeschrieben. Dennoch fürchtete man sich so vor der Verödung der Sudwälder im Raume Reichenhall – Berchtesgaden, daß 1618 / 19 ein großer Zweigbetrieb der Saline Reichenhall in Traunstein gegründet wurde. Für 280 000 Ztr. Salz Jahresproduktion mußte man 209 000 Festmeter Holz verbrennen sowie als Nutzholz verwerten, das hieß die Menge, die man gewann, wenn man 250 Hektar Wald kahlschlug.

Für den Sud der Saline Hall in Tirol benötigte man bis zu 350 000 Hallholz im Jahr (das Hallholz zu wenigstens 0,33 Festmetern). Schon 1555 mußte man überaus bedenklich sein, ob die Holzvorräte im Inn- und Wipptal reichen würden, die hohen Investitionen (ohne Bergbau und Hütten) zu rechtfertigen. Die Kammer in Innsbruck ließ die Holzvorräte für 200 Jahre schätzen und kam auf einen Vorrat von 69 394 000 Hallholz, davon sofort verfügbar 14 852 000. Dies ergab bei dem geschätzten Bedarf der Saline eine Umtriebszeit von 198 Jahren.

Das beruhigte[100]. Die Waldordnungen des 16. Jahrhunderts in Tirol gaben die Grundanweisungen für die Waldwirtschaft bis ins 19. Jahrhundert.

---

[98]) SOMBART, W.: Die deutsche Volkswirtschaft im 19. Jahrhundert und im Anfang des 20. Jahrhunderts, 5. Aufl. 1921.

[99]) RIELAT, A.: Energieverbrauch und Energiepolitik in vorindustrieller Zeit. Marburger Magisterarbeit 1980, 12 f. Die Arbeit wird 1982 als Dissertation gedruckt vorliegen. Sie ist bis dahin im Seminar für Sozial- und Wirtschaftsgeschichte Marburg einzusehen.

[100]) Ebd., 33 ff.; 44.; 55 ff.

Salinen verbrannten die Primärenergie Holz unmittelbar. Die Eisenindustrie aber brauchte Sekundärenergie, brauchte Holzkohle. Das gesamte Hammerkartell der Oberpfalz bezog 1609 464 468 Raummeter Holz, die in der unmittelbaren Umgebung nicht mehr geschlagen werden konnten. Sie wurden in einem Umkreis von 60 bis 80 km verkohlt. 4 410 Beschäftigte - mehr als im Bergbau und in der Verhüttung zusammen - arbeiteten 1609 in der Holzkohlenerzeugung. 1475 standen 750 Bergleuten, 1 150 Schmelzern und Schmieden 5 180 Holzfäller und Köhler und 3 254 Fuhrleute gegenüber[101]. Die Energiekosten beliefen sich auf 35 % der Gesamtkosten und stiegen pausenlos. Man bedenke, daß man, optimale Bedingungen - also gutes Holz und fehlerlose Vermeilerung - vorausgesetzt, von 100 kg Holz nur 25 - 27 kg Holzkohle gewann.

Dies ist in der Geschichte der Technik und der materiellen Kultur eingehend diskutiert worden. Weit geringere Aufmerksamkeit fand der private Verbrauch, der Verbrauch in den Städten. Z.B. Königsberg in Preußen mit 40 000 Einwohnern verbrannte in seinen Öfen und Herden 290 000 Raummeter pro Jahr. Der Preußische Staat engagierte sich nicht nur mit strengen Ordnungen, sondern auch als Organisator für die Befriedigung dieses gewaltigen Bedarfs, der nie reibungslos gedeckt werden konnte. In den kleinen Städten, die mit der Küstenstadt konkurrieren mußten, wurde das Holz ausgesprochen knapp und darum so teuer, daß es die Kaufkraft für andere Güter begrenzte[102]. Bei relativ waldfernen Städten wie Berlin und Hamburg, aber auch bei Würzburg, kann kein Zweifel sein, daß der Mangel an stadtnaher Energie das Wachstum langfristig determiniert hat, wenn auch nicht in engen Margen. Im 18. Jahrhundert stiegen die Holzpreise so hoch, daß die Armen langfristig unterstützt werden mußten.

Man sieht, die Menge und auch die Qualität der verfügbaren Energie beeinflußt unzweideutig Richtung und Umfang der Entwicklung großer Haupterwerbszweige, aber auch bedeutender Siedlungen. Die Saline Lüneburg hat, wenn auch mit gedrosselter Produktion, die Wende vom 18. zum 19. Jahrhundert erreicht, weil sie über einen Wasserweg verfügte, auf dem das Holz verschifft wurde. Obwohl man das Holz aus dem Lauenburgischen und bald aus Mecklenburg herbeischaffen mußte, konnten die Energiekosten in einem erträglichen Verhältnis zu den Erträgen der Salzproduktion gehalten werden, weil man das Holz als Rückfracht auf den Salzschiffen herbeiführte. Auch Schwäbisch Hall lebte von den Wasserwegen. Der Bedarf der Saline stimulierte die Schenken von Limpurg, das Holz ihrer Wälder an den Rändern des Kocher auf dem Flusse nach Schwäbisch Hall zu verflößen. Die Bauern nahmen dies 1525 in ihre Beschwerden auf[103].

Als Nürnberg 1052 gegründet wurde, gab es in seiner Lage keine bedeutende Landstraße und auch keinen bedeutenden Wasserweg, wohl aber die beiden großen Reichsforste, den Lorenzer und den Sebalder Königsforst. Hartnäckig und mit Erfolg hat die Stadt danach gestrebt, die Forste zu erwerben, die aus der Hand des Königs in den Besitz der Fürsten von Ansbach übergegangen waren, die mit der Stadt wegen territorialer Zuständigkeiten, insbesondere der Hochgerichtsbarkeit und des Geleits, heftig rivalisierten. Verfügten sie über den Wald, war nicht auszuschließen, daß sie fähig gewesen wären, die Entwicklung der Stadt nachhaltend zu hemmen. Würzburg, Bischofsstadt seit dem frühen Mittelalter, mit bedeutenden Zentralitätsfunktionen, Zentrum des Weinbaus am Main, an der großen Ost-West-Verkehrsader Oberdeutschlands gelegen und Kreuzungspunkt der thüringischen mit den schwäbischen und den bayerischen Straßen, hatte ungleich günstigere Voraussetzungen, eine Hauptstadt des Reiches zu werden, wie es Nürnberg geworden ist. Würzburg aber lag wald- und damit energiefern. Es hatte

[101]) Ebd., 118 ff bis 121.

[102]) Ebd., 197.

[103]) PFEIFFER, G.: Wasser und Wald als Faktoren der städtischen Entwicklung in Franken. In: Jb. f. Fränk. Landesforschung, Neustadt / Aisch 1972, 166.

keine großen Chancen, eine bedeutende Gewerbestadt zu werden. Den nicht allzu großen Gramschatzer Wald, den heute die Autobahn Würzburg – Fulda durchquert, hüteten die Fürstbischöfe als Tiergarten. Schon am Ende des 14. Jahrhunderts muß man das Brennholz für die Bürger rationieren. Bischof JOHANNES PHILIPP VON SCHÖNBORN und der Abt von Fulda versuchen die fränkische Saale schiffbar zu machen. Aber das Holz von den südlichen Bergen der Röhn ist zu teuer, weil man es auf dem Main in Bergfahrt treideln muß. Erst als der Frankenwald des Bischofs von Bamberg durch die Kronacher Flößerei erschlossen wird, schwinden die Sorgen der Würzburger um Brenn-, Bau- und Weinbergholz. 1491 gibt es schon 36 Floßherren in Kronach, 1765 aber 145 Floßherren mit 244 Floßknechten. Freilich müssen selbst die Würzburger zu allen Zeiten mit dem Bamberger Schiffbaugewerbe und mit großen Verbrauchszentren mainabwärts bis in die Niederlande konkurrieren. „Vielleicht darf darin einer der Gründe für die unterschiedliche Wirtschaftsstruktur Nürnbergs und Würzburgs in diesen wirtschaftsgeographischen Gegebenheiten gesehen werden“[104]. Ich bin sicher, daß es so ist.

Energie ist knapp. Der Wald wird nachdrücklich gegen Schädigung durch das weidende Vieh geschützt. Dennoch verdrängt das Nadelholz wegen seiner kürzeren Umtriebszeiten den Laubwald. 1368 wird in Nürnberg die Tannensaat entwickelt. Auch dies reicht nicht aus, die holzverbrauchenden Menschen zu beruhigen. Der Energiemangel zwingt sie, bei der anderen Seite der Beziehung Wald – Energieverwendung anzusetzen, um durch Sparen das Problem der Jahrhunderte zu lösen. Die Heiztechnik wird verbessert. 1557 macht man in der bischöflichen Küche zu Würzburg Versuche mit Sparherden[105]. 1560 beginnt man in der Saline Sulz, die Sonnenenergie zu nutzen, wenig später folgt Salzgitter. Die ersten Gradierwerke entstehen hier, die kein Holz mehr brauchen, um schwache Solen zu sättigen[106]. Sie trocknen durch Sonne und Wind. Nach jahrzehntelangen Versuchen gelang es 1623 in Reichenhall, die „Raubflüsse“ (Süßwassereinbrüche) vom Salzbrunnen fernzuhalten, wodurch der Verbrauch von Brennholz so weit sank, daß man überlegte, ob man die eben gegründete Saline Traunstein wieder aufgeben solle. 1780 gelang die entscheidende Verbesserung des Sudverfahrens. Man trennte es in zwei Teile, verbesserte die Feuerung und die Metallkonstruktion der Pfannen[107]. Der Holzverbrauch sank um 40%. In der zweiten Hälfte des Jahrhunderts setzte sich in der Eisenindustrie die Hochofenverhüttung allmählich durch. Sie ist die ausschlaggebende Erfindung im Hüttenwesen, der Begründer der Technik des industriellen Zeitalters. Zwischen 1776 und 1785 entstanden in Bergen in Bayern Hochöfen, sieben Meter hoch, die für eine Tonne Roheisen nur noch 20 Raummeter Holz verfeuerten. Der technische Fortschritt ist eine Funktion der Energieknappheit.

Anderwärts zwang der Energiemangel zu besserer Allokation der knappen Ressourcen. Ein Eisenhammer in Erlangen konnte nicht konkurrieren mit den Betrieben der Oberpfalz. So wurde der Betrieb des LEONHARD FREYESLEBEN im 18. Jahrhundert in eine Folien-Spiegelfabrik umgewandelt, die den Fühlungsvorteil mit dem Fürther Spiegelglaszentrum genoß. Aus dem gleichen Grund wird die Glashütte in Fürth 1705 stillgelegt[108]. Es war billiger, das geringvolumige Glas in Fürth einzuführen als das transportkosten-empfindliche Holz.

Zumindest in den Städten war aber auch die Antriebsenergie Wasser knapp, natürlich auch in den Hauptproduktionsgebieten der Eisenverhüttung wie in der Oberpfalz oder beim Drahtgewerbe im Raume Altena, Lüdenscheid, Iserlohn. Da gab es in den bedeutenden Gewerbestädten Schneid-, Walk-, Stampf-, Säge-, Pulver-, Schleif-, Loh- und Drahtmühlen. In der Spätzeit der Reichsstadt Schweinfurt mußten Mühlen aus der Stadt ausgegründet werden, um die

---

104) Ebd., 164.

105) Ebd., 164.

106) RIELAT, A.: Energieverbrauch und Energiepolitik, 60.

107) Ebd., 48 f.

108) PFEIFFER, G.: Wasser und Wald, a.a.O., 160 u.a. Stellen.

Stetigkeit der Antriebsenergie zu sichern. Auch Nürnberger Großunternehmer wurden im 16. Jahrhundert gezwungen, mit ihren Hammerwerken und Schmelzstätten an die obere Pegnitz, nach Lauf und darüber hinaus, auszuweichen. Der Energiemangel wegen des Bedarfs oberpfälzischer Hämmer zwang sie freilich bald, die Hütten in energiereichere Gebiete, z.B. in das thüringische Ludwigsstadt, zu verlegen[109]. Energiemangel führte zu allen Zeiten zu Veränderungen der regionalen Struktur. Noch im Jahre 1854 kauft die Stadt Nürnberg die Schwabenmühle, um Gewerbebetriebe darin anzusiedeln: 1873 wird JOHANN SIGMUND SCHUCKERT diese Mühle beziehen.

Planung im modernen Sinne, die den Bezugsrahmen für Entwicklungen der langen Frist zu schaffen hat, beginnt mit Rationierungen. Allenthalben verliert die Siedlungspolitik den Kampf gegen die Energiesicherungspolitik. Noch 1154 hatte der Bischoff EBERHARD II. von Bamberg dem Kloster Michelsberg einen erheblichen Teil des Frankenwaldes zur Rodung überlassen. 1348 aber bezeugt einer seiner Nachfolger, daß er die Wüstungen dieses Waldes nicht mehr zu besetzen wünscht, weil der Wald mehr Wert für ihn habe[110]. 1294 wird der Rodung im Nürnberger Reichswald Einhalt geboten. Seitdem wird die Entnahme von Holz für jeden Zweck immer stringenter rationiert und an Urteil und Bewilligung der Förster gebunden. 1507 und 1512 gerät der große Bildhauer VEIT STOSS in Schwierigkeiten, weil er Lindenholz für eine Marien- und eine Johannesfigur haben will. „1517 muß der Auftraggeber des 'Englischen Grußes' gegen hohe Gebühr im Walde eine Linde schlagen lassen“[111], obwohl Lindenholz in der Präferenzskala der Nachfrager weit unten stand. Rationierung als Maßnahme langfristiger Vorsorge begleitete die Jahrhunderte. 1788 hat Bayern eine Million Einwohner. Wenn man annimmt, daß jeder ein Pfund Brot am Tage gegessen hat, verbrauchten die Bäckereien des Landes 404 712 Raummeter Holz pro Tag, Grund genug für die fürstliche Regierung, die Backtage und die Tageszeiten des Feuerns zu begrenzen[112].

Langfristige Planung setzt die Schiffbarmachung des Wasserweges über Schaalsee, Schaale und Schwarzwasser zur Saline Lüneburg für den Holztransport in Gang. Planung verrät die schon besprochene Berechnung der Holzvorräte in Tirol über 200 Jahre. Planung führt zur Gründung der Tochtersaline Traunstein neben der Mutter Reichenhall. In Spessart und Frankenwald und anderwärts werden energieintensive Gewerbebetriebe verlegt gemäß langfristiger energiepolitischer Überlegungen. Die Glashütten und die Pottaschesiedereien müssen in Randgebiete der Zivilisation ausweichen. Deutlich zeigt sich dies z.B. am Westabfall des Steigerwaldes, der nicht durch flößbare Flüsse entwässert wird. Dort duldet man Glashütten. Im Kurmainzischen Spessart mit seinen wasserarmen Triftbächen rodet man bis 1560, bis das Holz spürbar knapp wird. Dann wird die Zahl der Untertanen begrenzt, die dort leben sollen. Am Ende des 17. Jahrhunderts rückt man den waldverwüstenden Glashütten, z.B. in Rechtenbach und Weibersbrunn, zu Leibe. Im 18. Jahrhundert gibt man freilich den Forst dem Holzhandel frei. Das „Holländerholz“ geht nun den Main hinunter. Zwischen 1760 und 1770 steigt der Holzverbrauch um das 15fache[113]. Als der Spessart 1806 an Bayern überging, war ein Viertel des Forstes kahlgeschlagen.

Die Wiege öffentlicher Planung sind der Landesausbau im 12. und im 13. Jahrhundert mit seinem Städtenetz und der für das Reich typischen Struktur der Stadt-Land-Beziehungen und der große Problemkreis der Energieversorgung. Auch dies ist ein Ausdruck der gesamteuropäischen Rationalität, die bis heute nicht erklärt ist, daß man im großen und ganzen den Grundsatz „Wald muß Wald bleiben“ die ganze mitteleuropäische Geschichte hindurch durchgehalten hat.

---

[109]) Ebd., 164 f.

[110]) Ebd., 164 f.

[111]) Ebd., 163.

[112]) RIELAT, A.: Energieverbrauch und Energiepolitik, 65.

[113]) PFEIFFER, G.: Wasser und Wald, a.a.O., 167 f.

Deutschland, über Jahrhunderte des vorindustriellen Zeitalters hin ein Gewerbeland par excellence, ist auch ein Waldland geblieben. Dies ist freilich auch der Gunst des Klimas und der reichlichen Niederschlagsmenge zuzuschreiben. Es ist aber auch Verdienst der Forstpolitik, welche der König und die deutschen Territorien über Jahrhunderte hin betrieben haben. Wie früh forstwirtschaftliches Wissen relativ modernen Zuschnitts im Vergleich zu anderen Wissensbereichen schon verfügbar war, dies belegen die regionalen Forstordnungen eindeutig. Es ist beachtlich, daß der werdende deutsche Territorialstaat dieses Wissen erstaunlich dicht in seine Gesetze eingebracht hat. Das Zeitalter der nichtfossilen Energiewirtschaft dauerte, so weit es im Licht der Quellen liegt, 1000 Jahre. Wenn man damit vergleicht, was 1000 Jahre der Geschichte des antiken Römischen Reiches für riesige Landstriche rund um die Adria verödet haben, so daß sie Karstländer bis zum heutigen Tage sind, dann wird man die Weisheit der frühen Energievorsorge deutscher Staaten schätzen.

Die Gefahrenquellen für den gesamtwirtschaftlichen Energievorrat sind immer lokalisiert oder kleinräumig zentralisiert. Sie werden stets durch Eingriffe von außen in das gefährdete System abgewehrt[114)].

D. Sicherheit vor Wasser und Feuer, technische Sicherheit

Das Wasser ist das Element, das auch von der modernen Bautechnik noch nicht gemeistert werden konnte. Noch liegen die amerikanischen Atlantikküsten offen da vor den Springfluten, welche die „lieblich" benannten Orkane „Dora" oder „Betty" alljährlich tief in das Land zu treiben pflegen. Der Po überschwemmt nach wie vor die Lombardei, und wer mehrere Tage in Venedig ist, dürfte den Markusplatz – oft nicht nur ihn – „landunter" erleben, wenn der Sturm der Lagune das Wasser über die Bankette drückt. Die Maßnahmen gegen die Verwüstungen durch das Hochwasser sind wie eine Schlacht. Die Menschen werden für diese Aufgabe militärisch organisiert. Von „Deichverteidigung" ist da die Rede. Verteidigt wird „Land", das Binnendeichsland, auch Polder oder Koog. Die Waffen sind vor allem Geräte bzw. Maschinen zur Erdbewegung oder Füllkörper zur Stärkung der weichenden Deichböschungen. Auch nach jahrhundertelanger Erfahrung kann der Mensch die Gefahrenquelle „Wasser", nicht im Binnenlande, noch weniger an der Küste, prognostisch lokalisieren.

Der Rhein ist schon von den Batavern eingedeicht worden, ehe die Römer den Niederrhein eroberten. Diese Deiche waren niedrig und zu schwach, wie die meisten Deiche bis in unsere Gegenwart hinein, welche Großtechniken einsetzen kann, die noch vor 30 Jahren nicht verfügbar waren. Die Aufgaben der Leitung des Deichbaus über größere, viele Siedlungsräume übergreifende Strecken und das Aufbieten von Tausenden zur Handarbeit beim Bau, zur Erhaltung und zur Verteidigung des Deiches bei Sturmfluten, wurden nur unzulänglich gelöst. Dem Inhaber der Entscheidungs- und Leitungskompetenz im Deichwesen wurde eine Art Herrschaft zuerkannt, gerade dort, wo ein „Deichverband", eine „Deichgenossenschaft" größere Mengen von Menschen zum Schutze des Landes organisierte. Man nannte ihn „Deichgraf", die Parallele zu den mittelalterlichen hohen Gerichten wird deutlich.

[114)] RIEHL, W. H.: Die Naturgeschichte des deutschen Volkes, hg. v. IPSEN, G., Kröners Taschenausgabe Bd. 122, Leipzig 1935, 71, 82, mißt dem Wald Einfluß auf den Nationalcharakter zu. „In Deutschland besteht dieser Gegensatz noch in seiner ganzen Breite, wir haben noch einen wirklichen Wald, England dagegen hat so gut wie keinen wirklichen Wald mehr, der soziale Bedeutung hätte; dadurch sind eine Menge der schärfsten Unterschiede deutschen und englischen Volkstums von vornherein mit Notwendigkeit vorgezeichnet". Über die volkswirtschaftliche Funktion der Dauer: „Damit ist der Wald in erster Linie Gegenstand der Volkswirtschaft. In dem Wald wird für das Ganze gesorgt; er soll über alles Land möglichst gleichmäßig verteilt sein, denn seine Schätze widerstreben der Beweglichkeit des Verkehrs. Das sind Gedanken, die einen echten Volkswirt stolz machen können auf seinen eigenartigen Wald".

Im frühen und im hohen Mittelalter sind im küstennahen Bereich zunächst nur die Terrassen der Flußniederungen besiedelt worden. Diese Siedlungen schoben langsam Wurten in das Tiefland vor. Erst seitdem gab es genügend Menschen im flutgefährdeten Binnenland, Deiche zu bauen. Diese Deiche genügten bei weitem nicht, die beiden großen Flutkatastrophen des 13. Jahrhunderts abzuwehren.

Die Deiche wurden wie nichts durchbrochen und überflutet auf breiter Front und gaben den Wassermassen freie Bahn, unter deren Last 1277 der Jadebusen und 1287 der Dollart einbrachen. Daß ab 1634 keine größeren Einbrüche mehr zu verzeichnen sind, wird sicher der fortgeschrittenen Deichbaukunst und höheren Graden der Deichorganisation verdankt, vielmehr aber noch der Tatsache, daß sich so extreme Flutlagen nicht mehr einstellten. Es ist festzuhalten, daß bis in unsere Gegenwart hinein Angriffen aus der Weite des Meeres nur mit lokalisierten, ja punktuellen Maßnahmen und somit begrenzt wirksam begegnet werden konnte. Den Raum vor den Küsten sicherte man frühzeitig mit Seezeichen, und man schuf auch Seekarten, die kartentechnisch weit besser als die Landkarten gewesen sind. Hier muß der Hinweis darauf genügen[115)].

Es gab wohl keine Stadt, groß oder klein, die im Laufe ihrer Geschichte nicht mehrmals gebrannt hat, ja niedergebrannt ist. Konstanz brannte allein im 16. Jahrhundert dreimal[116)]. Die Erinnerung an das Große Feuer von 1666 ist in London lebendig bis zum heutigen Tage. Überdies gibt es kaum einen Besucher der Stadt, der nicht auf CHRISTOPHER WRENS Fire-Monument kletterte. Zehn Jahre später, 1676, brannte Hamburg. Die Erfahrungen mit diesem schrecklichen Ereignis führten zu den ersten Vorformen der Brandversicherung. Doch davon später.

Brandgefahr bedrohte vor allem den Stadtraum. Nur hier stand Haus an Haus. Im Dorfe distanzierten die Viereckshöfe, zumindest die Hoftore, die Baukörper doch so weit voneinander, daß gute Chancen des Schutzes für die Nachbarn blieben, wenn ein Anwesen Feuer fing. In der Stadt, vor allem in den Vorstädten, war zumindest das Viertel verloren, wenn ein einziges Haus brannte. In den Altstädten reicherer Städte standen vom 15. Jahrhundert ab schon beträchtlich Steinhäuser, zumindest in der Bauart gemischte Häuser, so daß mit der Rettung ganzer Straßenzüge gerechnet werden konnte. Da es uns um die Sicherung des Raumes geht, treten die Ereignisse während der Brandkatastrophe selbst, die Nachbarschaftshilfe, die organisierte Dienstleistung der Zünfte usw., zurück. Im Mittelpunkt unseres Interesses steht vielmehr die Brandvorsorge bis hin zur Schadensvorsorge mittels der Brandversicherungen.

In den Großstädten der vorindustriellen Jahrhunderte, in Paris, Neapel und London, hat man durch ständig wiederholte Verordnungen versucht, das exorbitante Wachstum zu begrenzen. 1557 schätzte der venezianische Gesandte die Stadt London mit ihren „liberties" auf 185 000 Einwohner, für 1605 lassen sich 224 000, kurz vor der Pestepedemie 1665 500 000, nach der Pest 400 000 errechnen. Es gibt keinen Herrscher seit der Mitte des 16. Jahrhunderts, der das Wachstum der Stadt nicht hätte begrenzen wollen. ELISABETH I., JAKOB I., KARL I. wie CROMWELL haben scharfe Mandate gegen den Zuzug und gegen die Bautätigkeit erlassen. Man zahlte die hohen Taxen und baute weiter. London hatte ja schon um 1600 die Schwierigkeiten west- und mitteleuropäischer Städte mit der Energie nicht mehr. Man verwendete dort frühzeitig Kohle zum Hausbrand[117)].

---

115) Zur ersten Orientierung: Meyers Lexikon, 3. Bd., 7. Aufl., Sp. 369 ff.

116) WEISEL, E.: Die Verfassung und Verwaltung der Stadt Konstanz, 132 f.

117) Zu den hier erörterten Problemen vgl. BOG, I.: Das Konsumzentrum London und seine Versorgung. In: Wirtschaft, Geschichte, Wirtschaftsgeschichte. Festschrift für FRIEDRICH LÜTGE, Stuttgart 1966, passim, hier bes. 150.

Mit diesem Wachstum hielt die Versorgung mit Wasser nicht Schritt. 1680 kam ein großes Wasserwerk zustande. Man leitete einen Fluß aus Chadwell in Hertfordshire in ein Becken nahe Islington ein. Von dort aus führte man Röhren in die Stadt, vor allem in den Osten. Bevor es diesen unerschöpflichen Vorrat gegeben habe, so berichtet ENTICK, ein Beschreiber Londons, hätte man keinem Feuer Einhalt gebieten können[118]. Es ist freilich fraglich, ob selbst dieser Vorrat dem „Großen Feuer“ hätte wehren können.

Es hat wohl keine Stadt in Europa gegeben, deren Reservoirs einem Flächenbrand genügt hätten. Das „Große Feuer“ zu London brach am zweiten September 1666 aus, kaum, daß die Pest beendet war, die ungefähr 100 000 Menschen gekostet hat. Das große Feuer vernichtete 460 Straßen mit 89 Kirchen und 13 000 Häusern[119]. DANIEL DEFOE berichtet in seinem bedeutenden Pestbuch, das die Hauptrolle im nächsten Kapitel spielen wird: „Der Brand, der auffraß, was die Pest nicht vernichten konnte, sprach allen Abwehrmaßnahmen Hohn; die Löschpumpen brachen zusammen, die Löscheimer warf man weg, und alle Macht der Menschen war eitel und am Ende“[120].

Für kleinere, lokalisierte Brände, die der Wind nicht anblies und verbreitete und die frühzeitig entdeckt wurden, reichten die Vorkehrungen der Magistrate und Bürger wohl aus. Das Feuer mußte nur frühzeitig entdeckt werden, wollte man Flächenbrände verhindern. So erklären sich die harten Strafen beim „heimlichen Löschen“ und wenn das Alarmgeschrei unterlassen wurde. Bei individuell verschuldeten Bränden wurde die Strafe ermäßigt, wenn der Brandverursacher das Feuer sofort meldete[121]. Die Turm- und Nachtwächter haben sofort Feueralarm zu geben, wenn sie benachrichtigt werden. Da die Tore nachts geschlossen sind, sind die Türme nachts ausschließlich des Feuers wegen besetzt, das man jedwede Nacht zu befürchten hatte. Den Nachtwächtern wird immer wieder eingeschärft, beim geringsten Brandgeruch Verdacht zu schöpfen und den Ursachen nachzugehen. In jedem Dorfe mußte ein Nachtwächter beschäftigt werden, der im Winter von 10 bis 2 Uhr, im Sommer von 8 bis 4 Uhr die Stunden auszurufen hatte[122].

In Konstanz wie anderswo war jeder Einwohner zum Feuerlöschdienst verpflichtet. Wer ausblieb, wurde bestraft, der erste, der mit seinem Löschgerät an der Brandstätte eintraf, belohnt. Jede Zunft hatte eine Anzahl Feuerwehrleute zu stellen, manche Zünfte empfahlen sich wegen ihrer Sachkenntnis für den Feuerschutz in der Gänze.

Obwohl es in der Stadt „Feuerherren“ gab, die das Löschwesen kontrollierten und mit dem Stadtbaumeister die Brandbekämpfung leiteten, wird allenthalben über den Mangel an Organisation geklagt. Man formulierte Feuerordnungen, man hatte regelmäßige Feuerschutzübungen, in Hessen-Kassel alle drei Monate, jeder in der ihm zugewiesenen Funktion[123], aber es gab kein „Katastrophen-Schutz-Gesetz“, das alle Gruppen im Dienste der öffentlichen Sicherheit, etwa auch die Landwehren, koordiniert hätte. Dem Flächenbrand war man hilflos ausgeliefert[124].

Indes rufen die großen Brandkatastrophen des 17. Jahrhunderts dennoch wirksame, prinzipiell neue Vorbeugungsmaßnahmen auf den Plan. Immer schon hatte man in den Städten die Herde, die Feuerstätten, die Waschkessel usf., z.B. in vierteljährlichen Umgängen, kontrollieren

---

[118]) Ebd., 166.

[119]) The Penguin Guides to London (3. Aufl. 1963): The Penguin Guides New Series, 242.

[120]) DEFOE, D.: Ein Bericht vom Pestjahr, London 1665, 51.

[121]) Handbuch zur Kenntnis der Kur-Hessischen Landesverfassung und Recht von WITTICH, C. F.: 6. Teil, 1796, 142.

[122]) Ebd., Bd. 7, 68.

[123]) Ebd., Bd. 6, 371.

[124]) Man vgl. z.B. Hessisches Katastrophenschutzgesetz v. 12. Juli 1978, z.B. § 3. Auch „Katastrophe“ in irgendeinem Begriff war nicht definiert.

lassen[125]. Jetzt scheute man vor schweren finanziellen Lasten der Bürger nicht zurück. In Hessen wie anderswo schrieb man den Besitzern von Holzhäusern Brandmauern auf beiden Seiten des Hauses und Brandgiebel vor. Auch die Abmessungen wurden vorgeschrieben. Genügten sie den Ansprüchen der Feuervisitatoren nicht, konnten sie auf Abbruch dringen. Bei gewerblichen Herden und Öfen verordnete man Brandmauern von einem Fuß Dicke rundherum. Kein Ofen durfte unbesichtigt in Betrieb genommen werden[126]. Gefährliche, mit Feuer hantierende Betriebe, insbesondere des eisenverarbeitenden Gewerbes, mußten Schutz- und Brandabstände zu den Wohnhäusern halten. Es hatte sich die sehr alte Praxis als ungenügend erwiesen, diese Gewerbe in eigenen randständigen Gassen unterzubringen. Eine Stadtbrandstatistik des 18. und 19. Jahrhunderts würde erweisen, daß es gelungen ist, den Stadtraum in beträchtlichem Maße zu sichern.

Alle diese Maßnahmen trugen dazu bei, die Einsicht und die Disziplin zu stärken, die das Brandversicherungswesen forderte, sollte es erfolgreich sein. Denn die Feuerversicherung ist von ihren Anfängen an eine Individualversicherung gewesen, seit die mittelalterlichen Brandgilden, in die Pflicht genommen vom Gebot evangelischer Mitmenschlichkeit, die durch Feuer Enthausten vor dem äußersten Elend bewahrt hatten. In Hamburg waren seit 1591 „Feuerkontracte“ üblich. Sie schlossen Menschen genossenschaftlich zusammen, die sich finanzielle Hilfe im Falle des Brandschadens durch Umlage zusicherten. Das „Große Feuer“ in Hamburg von 1676 erweckte das Bedürfnis nach konzisem Gesichertsein, nach der Gewähr für die Wiederherstellung des individuellen Wohlstandes, wie er vor dem Brand genossen worden war; und dies für alle, welche diese Sicherheit wünschten. Noch im Jahre 1676 gründete man die „Generalfeuerkasse“, ein offiziöses Unternehmen, das von zwei Ratsherren mitverwaltet wurde. Innerhalb weniger Jahre folgten Harburg, Kopenhagen und Magdeburg dem Hamburger Beispiel. Alle diese Unternehmungen schlossen Freiwillige zusammen, die Zwangsversicherung ist eine Errungenschaft des 19. Jahrhunderts[127].

Die Hauptquellen der Feuersgefahr waren nach aller Erfahrung Fehlhandlungen oder Mißgeschick des Individuums; während die Pestilenzen gleichsam heimlich von Haus zu Haus schlichen, – gleichsam schon in den Eingeweiden eines Gemeinwesens saßen, ehe man entsetzt den ersten öffentlichen Pestkranken diagnostizieren konnte, – hatte das Feuer einen angebbaren Herd. Es konnte mit menschlicher Energie durch mechanische Werkzeuge bekämpft werden und war prinzipiell durch menschliche Leistung abzutöten. Dem Feuer konnte man die „Nahrung“ nehmen, man konnte ihm gleichsam den Nährboden entziehen, wie man Pflanzenarten zum Aussterben bringt, wenn man z.B. den Grundwasserspiegel senkt. Die steinernen Brandgiebel, die Brandmauern, die gesetzlichen Schutzabstände für typische Feuer- und Explosionsherde wie Pulver- und Bronzemühlen, die Entwicklung der Wahrscheinlichkeitsrechnung seit PASCAL und FERMAT, insbesondere aber seit JAKOB BERNOULLI (1713), machten die Summe der Schadensfälle in einer Population, die möglichst groß sein sollte, kalkulierbar. Das Risiko konnte so auf sehr viele verteilt werden, daß die Belastung des einzelnen minimiert wurde.

Die Feuerversicherung ist eine jener Entwicklungen, welche am Beginn der Moderne, ähnlich der Rationalisierung des Landbaus seit der Mitte des 18. Jahrhunderts, die Menschen diszipliniert und den Alltag humaner gemacht haben, indem sie sie freisetzten vom Zugriff der Naturgewalten, unter den geduckt sie zu leben gewohnt waren. Man entließ die Versicherten keineswegs aus der Verantwortung für ihre Habe, auch nicht aus der Verantwortung für

---

125) MEISEL, P.: Die Verfassung und Verwaltung der Stadt Konstanz, 132.

126) Handbuch zur Kenntnis usw. Bd. 1 (1796), 422 f.

127) Vgl. Hg. RÖPER, B.: Wettbewerbsprobleme der Versicherungswirtschaft, Schriften des Vereins für Socialpolitik, Neue Folge Bd. 93, Berlin 1978.

Eigentum und Unversehrtheit des Nachbarn und des Gemeinwesens. Fahrlässiger Umgang mit dem Feuer, wenn man „mit offenem Licht“ bei Nachbarn Feuer holte oder Flachsarbeiten bei offenem Feuer ausführte, war besonders verpönt[128]), weil häufige Brandursache, und machte den Schutz durch Versicherung unwirksam. Eben dadurch aber sicherte man insbesondere den Lebensraum verdichteter Siedlungsweise, die Stadt, wo die Fahrlässigkeit eines einzelnen Eigentum und Leben vieler, an der Verursachung des Feuers gänzlich Unbeteiligter, gefährdete. Die großen Stadtbrände in der Art der Seuchenzüge wurden eingedämmt.

E. Die Seuchen

Wir sind den Seuchen schon begegnet. Sie haben die Menschen Europas gefährdet dreieinhalb Jahrhunderte lang, von der Mitte des 14. bis weit in die zweite Hälfte des 18. Jahrhunderts hinein, freilich mit abnehmender Frequenz und nachlassender Intensität. Wir begegneten den fürchterlichen Pestilenzen des Spätmittelalters, wie sie den Bedingungsrahmen für langfristige gesellschaftliche Trends extremer Verunsicherungen schufen. Nun geht es darum, den minimalen Chancen von Obrigkeit und Bevölkerung nachzuspüren, die „Geißel Gottes“ abzuwenden oder doch zu lindern, wenn sie traf.

Wir werden sehen, daß der Aufwand dafür, die Quarantäne-Stationen, Pestkrankenhäuser, Pestpfleger und Pestwachen und die erforderlichen sozialen Leistungen für die Armen, wohl in keinem Verhältnis steht zu den überaus geringen Erfolgen.

Die Pest ist ein räumlich mobiler Vorgang, der im großen Raume gerichtet zu sein pflegt, d.h., daß er einen Ursprung hat und eine angebbare Richtung nimmt. Für die Sichtweite West- und Mittel-Europas ist Herd der Pestilenzen der Nahe Osten, Vorderasien im besonderen. Von dort übertragen die berufsmäßig und ständig Mobilen im Raume, die Kaufleute und die Pilger vor allem, die Keime der Seuchen in die Kernlande des Kontinents. Ansteckungsmedium sind nicht nur die Menschen oder Vieh – es hat, parallel zu menschlichen Seuchen, Schweinepesten gegeben, z.B. 1347 – sondern auch Sachen, Wolle und Wollwaren, Bettwäsche und Kleider, die mit Kranken in Berührung gekommen waren. 1665 ist die Pest von London und dem britischen Süden mutmaßlich an die Algarve-Küste verschleppt und von dort aus in Portugal verbreitet worden. „In der Levante war man nicht so heikel“, berichtet DANIEL DEFOE, dessen Bericht wir uns im folgenden anvertrauen. D.h., daß sich zwar die europäischen Staaten gegen den Import verseuchter Güter rigoros zu schützen wußten, indem sie die Häfen und die Märkte sperrten, nicht aber die levantinischen Völker. Schon in der Ägäis handelte man offen mit Londoner Waren, die italienische Kaufleute dort führen. Es ist nicht auszuschließen, daß auf diese Weise ein Zirkel der Pestausfuhr und der Pesteinfuhr sich ausbildete[129]). Ein kräftiges Argument dafür ist die Mentalität der Muslime im Nahen Osten und in den Handelszentren der Ränder Europas. Die muslimischen Kaufleute in Lissabon, so heißt es, vertrauten dem Kismet, es komme, was bestimmt sei zu kommen: „. . . daß diese nämlich durch ihren Glauben an die Prädestinationslehre und daß der Tod jedes Menschen vorherbestimmt und unveränderlich vorher festgesetzt sei, ohne weiteres an verseuchte Orte gingen und mit angesteckten Personen Umgang pflegten, wodurch pro Woche durchschnittlich zehn- oder fünfzehntausend von ihnen stürben, wogegen die Europäer und christlichen Kaufleute, die zurückgezogener und für sich lebten, im allgemeinen nicht angesteckt würden“[130]).

Innerhalb der befallenen Siedlungsräume zeigen sich eindeutige, lokalisierbare Herde. Die Zeitgenossen beobachten, daß die Krankheit durch Atem, Schweiß und eiternde Wunden

[128]) Handbuch zur Kenntnis usw. Bd. 2, 137 ff.

[129]) DEFOE, D.: London 1665, 290.

[130]) Ebd., 20.

übertragen werden konnte. Schon die Diagnose bereitete Schwierigkeiten, weil sie mit Sicherheitsabstand durchgeführt werden mußte, damit die Ärzte und Pestinspektoren die Seuche nicht verbreiteten.

Wir wollen nun:
a) die Ausbreitung der Seuche
b) die sozialen Zustände, die sich einstellten
c) die individuellen und die öffentlichen Gegenmaßnahmen
d) die Folgen der Pest und
e) die zeitüblichen Präventivmaßnahmen
an einem großstädtischen, hochorganisierten Stadtraum vor Augen führen, an London 1665.

a) Man wußte aus den Briefen der Kaufleute und aus der Presse[131], daß die Pest 1663 in Amsterdam und Rotterdam sehr gewütet hatte. Da man sich mit den Niederlanden im Kriege befand, mußte man sich nicht allzusehr beunruhigen. Am 20. Dezember 1664 starben angeblich zwei Franzosen (also in den Krieg nicht verwickelt) in der Drurylane an der Pest. Die gastgebende Familie suchte den Fall zu verheimlichen, die Nachbarn aber munkelten. Die Behörden ließen die Leichen untersuchen und veröffentlichten in den wöchentlichen Sterbelisten wahrheitsgemäß: zwei Pesttote. Bis zum 9. Februar 1665 hörte man nichts mehr. Von Dezember bis Februar war es dann sehr kalt, die Sterbefälle verringerten sich allgemein. Dann wird ein Weiterer aus dem gleichen Hause begraben. Dann ist wieder Stille bis zum 22. April, als zwei weitere Menschen, zwar nicht aus demselben Hause, wohl aber in der gleichen Straße, sterben. Wieder zwei Wochen Stille: Dann brach die Pest in verschiedenen Straßen aus, ging in alle Richtungen, und man mußte aus diesem gesamten Vorgang den Schluß ziehen, daß die wichtigste der allgemeinen Pestvorkehrungen, die Quarantäne, für die aus Pestgebieten Kommenden prinzipiell nicht ausreichen konnte, so daß sie zur „Soissantäne“ verlängert werden müßte.

Das durchschlagende Alarmzeichen aber war ein pesttoter Franzose in der Altstadt im Anfang des Mai 1665, nahe Stocks Market. Man erkundete, daß er zuvor in Long Acre, nahe den verseuchten Häusern, gewohnt hatte[132]. Die Altstadt, Wohnraum der Oberschichten, hoffte bis dahin, verschont zu bleiben, da die Pest sich bisher nur in den dichter bevölkerten und ärmeren bedrohten Außenbezirken ausgebreitet hatte. In der Woche vom 9. bis 16. Mai untersuchte man nun die Gemeinde St. Giles systematisch und fand mehrere Straßen vollkommen verseucht. London hatte die Pest. In der Woche vom 11. bis 18. Juli, lange vor dem Höhepunkt, zählte man 1761 Tote[133].

b) Es konnte nicht ausbleiben, daß die furchtbar geängstigten Menschen ihr Verhalten änderten, und es änderte sich natürlich auch die soziale Lage. Da der Lord Mayor jedes verdächtige Haus sofort schließen und bewachen ließ, verheimlichten die befallenen Familien ihre Not. Dies brachte Mißtrauen unter die Menschen und verstärkte die Angst vor Begegnungen, vor deren Abbruch die ihre Krankheit Verschweigenden doch eben zurückscheuten. Man lief „wie verrückt“ zu Quacksalbern und Marktschreiern, Zauberern und Wahrsagern und stopfte sich mit obskuren Medikamenten voll, viele erkrankten daran und nicht an der Pest[134]. Der Verkehr mit Waren nach außen lag still, bis auf die Einfuhr von Lebensmitteln, tausende Arbeiter wurden entlassen, auch tausende Diener all derer, die aus der Stadt flohen[135]. Die Zahl

---

131) Der Hrsg. des DEFOE'schen Werkes weist darauf hin, daß Defoe irrtümlich annimmt, es habe zu dieser Zeit noch keine Presse gegeben. Sie erreichte damals die Öffentlichkeit weit verläßlicher als Kaufmannsbriefe.

132) DEFOE, D.: London 1665, 277.

133) Ebd., 24.

134) Ebd., 51.

135) Ebd., 42.

der Armen ohne Lebensunterhalt wuchs ständig. Die Armen wurden aber von der Pest besonders betroffen. Wenn sie krank wurden, bekamen sie weder Essen noch Arznei, weder Arzt noch Apotheker standen ihnen bei, noch hatten sie eine Wärterin zur Pflege. „So starben viele von ihnen, während sie aus ihren Fenstern nach Hilfe oder auch nur nach Nahrung riefen, auf eine elende und jämmerliche Weise: es muß aber hierbei erwähnt werden, daß solche Menschen oder Familien, wenn ihre Lage dem Lord Mayor bekannt wurde, immer wieder Unterstützung erhielten"[136]. Auch die Armen, die mit den Wohlhabenderen aus der Stadt flohen, fanden keine Unterkunft in der Fremde und starben dort an Not und Mangel[137]. Die Schicht der Armen stellte so einen unverhältnismäßigen großen Teil der Pesttoten, nämlich 40 000.

Offenbar konnte die öffentliche Ordnung in höherem Maße aufrechterhalten werden, als man nach den Schilderungen GIOVANNI BOCCACCIOS für Florenz 1347 annehmen könnte. Es lagen im allgemeinen keine Leichen auf der Straße. Man schuf nicht nur große Massengräber, sondern konnte auch den Todestransport organisieren. Es standen ja genug Arbeitslose zur Verfügung. Wenn ihre Familien hungerten, arbeiteten sie zu jeder Bedingung. Man versah sie freilich auch mit Geräten, die sie in den Stand setzten, die Berührung mit den Toten zu vermeiden. Überdies wurde London so ausreichend mit Lebensmitteln versorgt, daß die Preise kaum spürbar anstiegen. Der Riesenmarkt London hatte längst seine home counties gemäß seinem Bedarf organisiert. Da etwa 200 000 die Stadt verließen, dürfte sich der Wettbewerb unter den Anbietern so verstärkt haben, daß sie nur eine geringe Gefahrenprämie erzielen konnten.

c) Wie es die 10 Damen und Herren der höheren Gesellschaft zu Florenz, die vor der Pest in die gesunde Luft auf dem Lande geflohen sind, um sich mit Erzählungen zu unterhalten, die das Dekameron bilden, auch bestätigen, galt als der beste Schutz vor der Pest, davonzulaufen. Da etwa 200 000 dies taten, war schon im Mai kein Pferd mehr in London zu haben[138]. Die Flucht organisierte sich von oben nach unten auf der sozialen Scala. Anfang Juli schon verließen der Hochadel und der Adel, vor allem aus dem Westteil der City, die Stadt mit der Familie und den Bediensteten. In Whitechapel, auf der Broad Street, beobachtete man unaufhörliche Kolonnen von Flüchtenden. Flüsterpropaganda trieb die Menschen aus der Stadt. Es hieß, die Regierung wolle Pallisaden und Schlagbäume an den Ausgangsstraßen errichten, um die Abwanderung zu verhindern. Niemand hatte dies wirklich geplant[139]. Der Lord Mayor gab auch bereitwillig Gesundheitspässe aus an die Bewohner der noch nicht befallenen Stadtteile; eine gewiß fragwürdige Praxis. Die Städte an den Ausfallstraßen begannen sich gegen den Durchzug der Londoner aus begreiflichen Gründen zu wehren. Es kam zur Gefährdung des Landfriedens, bürgerliche Bewaffnete sperrten die Reichsstraßen.

Die Seuche konnte dort eingedämmt werden, wo es gelang, die Häuser mit Kranken rechtzeitig zu verschließen. Niemand durfte mehr zur Tür herein oder hinaus. Aus den Arbeitslosen gewann man Pestwachen, je zwei pro Haus, und auch Pflegepersonal, das sich dann in das Haus mit einschließen lassen mußte. Jedes befallene Haus blieb einen Monat lang geschlossen[140]. Alle Leichenfeiern und sonstigen Versammlungen wurden verboten und alle Schulen blieben geschlossen. Auch die Gottesdienste entleerten sich allmählich; teils waren die Geistlichen geflohen, man beobachtete, daß nur die außerhalb der offiziellen Kirche stehenden Independenten geblieben waren, ihre Funktionen zu versehen.

Die Straßen wurden besonders saubergehalten. Dies war sicher eine wirksame Maßnahme gegen die Pest, wenn man weiß, daß die Entsorgung der Häuser durch Gräben rechts und links von den Straßen und durch deren Gefälle in die Flüsse hinein zu geschehen pflegte. In Konstanz

136) Ebd., 117.

137) Ebd., 132.

138) Ebd., 117.

139) Ebd., 14.

140) Ebd., 53.

endete die Ausleitung der Stadt in dem Stadtgraben. Was sich dort absetzte, welcher Gefahrenherd dort entstehen mußte, weiß der, der Zeuge des Räumens eines venezianischen Kanals gewesen ist. Rührend wirkt die Gepflogenheit der Bürger Londons, z.B. in der Oxford Street, nur in der Mitte zu gehen, damit man mit den möglicherweise Erkrankten, die aus den Häusern traten, nicht in Berührung kam[141]. Unabdingbare Voraussetzung jeden Erfolges gegen die Pest war, daß man jedweden Handel mit Kleidern verbot. Lord Mayor und Aldermen ließen eine Anweisung drucken, die Anleitung für das persönliche und das familiäre Verhalten gab.

Ruhe und Ordnung konnten aufrecht erhalten werden, weil die City der Stadt reich war. Man konnte die Arbeiter unterstützen und die Arbeitslosen mit Wach- und Pflege- und Transportdiensten beschäftigen. 100 000 Pfund sollen wöchentlich ausgezahlt worden sein. Dies war nur möglich, weil der geflohene Adel große Summen zu diesem Zweck in die Stadt transferierte, der König allein 1000 Pfund pro Woche[142].

Schließlich tötete man 40 000 Hunde und 200 000 Katzen, um zu vermeiden, daß sie die Krankheitskeime von Haus zu Haus trügen. Eine gewaltige Rattenaktion suchte diesen bekannten Seuchenträgern den Garaus zu machen.

d) Als die untere Mitte der bürgerlichen Schichten die Stadt verließ, war die Seuche schon ins Land hinausgeschleppt. Niemand, der von Ende Juni an einen Gesundheitspaß erhielt, konnte sicher sein, daß er noch gesund war. „. . . aber es kann ein einziger, der sich in Wirklichkeit die Ansteckung zugezogen hat, es aber nicht weiß und wie ein Gesunder nach draußen geht und herumläuft, die Pest auf tausend Menschen übertragen . . .“[143] usf., in geometrischer Progression. Auf dem Höhepunkt der Pest von Juli bis Oktober, da es kälter wurde, gab es keinen Teil dieser Stadt, der nicht befallen war. Keiner wurde verschont. Auch Greenwich und Deptford usw., themseabwärts gelegen, hatten zu leiden. Zu dieser Zeit waren 10 000 Häuser geschlossen und bewacht, 10 000 von den Bewohnern verlassen. 200 000 Menschen waren geflohen. Viele kehrten im Oktober allzufrüh zurück und starben durch Ansteckung. Offiziell zählte man 68 590 Pest-Tote; es sind aber über 100 000 gewesen[144].

Nur zögernd kam der Außenhandel wieder in Gang. Die Niederlande, Hamburg, Frankreich, Spanien und Italien hatten ihre Häfen den britischen Waren ja versperrt. Das innerstädtische Leben restituierte sich dagegen in ganz wenigen Wochen. Die Rückkehrenden gingen unbesorgt ans Werk[145].

e) Was den Zeitgenossen einfiel, künftigen Seuchen vorzubeugen, war nicht geeignet, der „Geißel Gottes“ den Garaus zu machen. Nachdrücklich forderte DEFOE, daß niemand Erkrankungen verheimlichen möge, sondern alle Kranken alsbald den Ärzten vorstelle, damit die Häuser sofort geschlossen werden könnten, falls sich Anzeichen von Pest fänden. Wo die Häuser rechtzeitig geschlossen werden konnten, ist die Seuche viel schneller abgeklungen als dort, wo dies nicht gelang[146]. Zunächst hatte es nur ein Pestasyl in London gegeben, das 200 bis 300 Menschen aufnehmen konnte. Ein zweites war wohl während der Pest errichtet worden, so daß schließlich eines in Westminster und eines jenseits von Oldstreet in den Feldern bestand. „. . . und es bestand kein Zwang, jemanden dorthin zu bringen. Auch war es gar nicht nötig, in dieser Sache einen Zwang auszuüben, denn es gab tausende armer, elender Menschen, die ohne Hilfe, Möglichkeiten und Vorräte von der Wohltätigkeit anderer abhängig waren und

---

141) Ebd., 27.

142) Ebd., 133, 287.

143) Ebd., 266.

144) Ebd., 130, 101.

145) Ebd., 131, 311.

146) Ebd., 248.

glücklich gewesen wären, wenn man sie dort hingeschafft und sie dort versorgt hätte, und es war meiner Meinung nach wirklich das einzige, was bei den gesamten öffentlichen Maßnahmen für die Stadt zu beanstanden war, daß nämlich niemand in das Pestasyl eingeliefert werden durfte, für den nicht bezahlt wurde oder die Behandlung gesichert war, was entweder bei der Aufnahme oder bei ihrer Entlassung, nachdem sie geheilt waren, geschehen mußte, denn sehr viele wurden gesund entlassen; auch wurden für diese Anstalten sehr gute Ärzte bestallt, so daß sich viele Menschen dort gut erholten, worauf ich noch zurückkommen werde. Hauptsächlich wurden dorthin Bedienstete geschickt, die, wie von mir gesagt, bei Gängen, das Nötigste für die Familie zu besorgen, in deren Diensten sie standen, von der Seuche befallen, und, wenn sie krank zurückkehrten, entfernt wurden, um die anderen Hausbewohner vor ihr zu bewahren; und man betreute sie dort während der ganzen Zeit der Heimsuchung so gut, daß vom Londoner Pestasyl insgesamt nur 165 und von dem in Westminster nur 159 zu Grabe getragen wurden".

Hätte es nicht nur zwei, sondern mehrere gegeben, jedes für 1000 Menschen, so ausgestattet, daß nicht zwei in einem Bette hätten liegen müssen, hätten bei Zwangseinweisung nach Meinung DEFOES viele Menschen gerettet werden können[147].

Es gab kaum eine europäische Stadt ohne Siechenstation. Nürnberg besaß Siechkobel und Spitäler für die „Sondersiechen", das sind alle mit seuchenverdächtigen Krankheiten behafteten, an jeder seiner Ausfallstraßen. Auf der Deutschherrenwiese wurde eine große Quarantänestation unterhalten, die alle aus Pestgebieten Kommenden während der Quarantänefrist aufzunehmen hatte. Der Verkehr mit den in Kontumaz Befindlichen war streng geregelt. Venedig, wegen seines Orientverkehrs besonders gefährdet, hatte zwei große Quarantänehäuser, eines für die Waren, eines für die Menschen, beide isoliert auf kleinen Inseln, von großen Wällen von 400 geometrischen Schritten umschlossen. Der Bericht von der Organisation dieser Häuser füllt in der Enzyklopädie von JOHANN GEORG KRÜNITZ 19 Seiten[148].

Es ist unmöglich, abzuschätzen, ob Europa in den vorindustriellen Jahrhunderten überhaupt ein Jahr pestfrei gewesen wäre ohne diese Anstalten. Man wird nicht fehlgehen, wenn man annimmt, daß das Quarantänewesen pestfreie Jahrzehnte den dankbaren Menschen gesichert hat. Warum es in anderen Jahren den Seuchen nicht vorbeugen konnte, wird kaum zu klären sein.

Die Parallelisierung säkularer Strukturen erzwingt die Frage: Hat es je Zeiten gegeben, die „psychisch stabiler" gewesen sind, als die unsrigen? Es scheint, daß die Geschichte gegliedert werden kann durch „Stabilitätstrends" und „Instabilitätstrends". Ein Instabilitätstrend füllt die Jahrhunderte des endenden Römischen Reiches seit etwa 250 n. Chr. bis etwa 600. Ein weiterer langfristiger Trend hebt an um 1300 und endet in der zweiten Hälfte des 18. Jahrhunderts. Ein dritter manifestiert sich mit der Komplexität des entfalteten Industrialismus. In diesen Trends ist vor allem der offene Raum gefährdet, das „Land", ehemals durch individuelle Angriffe auf die Person, auf die Menschen, welche die Räume im Dienste ihrer Gesellschaft zu durchmessen hatten, heute durch Versagen beim Umgang mit den Maschinen, da die raumüberwindenden Maschinen als ein Drittes nun das Dreieck der Beziehungen Mensch-Maschine-Mensch bilden. Es ist fraglich, ob der Prozentsatz der „Raumgeschädigten" z.B. im 15. oder im 16. Jahrhundert größer war, gemessen an der Gesamtbevölkerung, als heute der Prozentsatz der Verkehrsopfer. Gewiß ist, daß die vorindustriellen Jahrhunderte, als ein Ganzes genommen, die Sicherheit des Individuums im Raume allmählich gestärkt haben. Sie haben in schrittweise gewonnener, aber frühzeitig wirkungsvoller Disziplin ihre Energieprobleme gelöst. Der Massenseuchen ist man

[147]) Ebd., 102.

[148]) KRÜNITZ, J. G.: Ökonomisch - technologische Enzyklopädie, 109. Teil, Berlin 1808, 162 ff. Der Pestartikel hat 198 Seiten.

indes durch bewußte Aktivität nicht Herr geworden, wie das 20. Jahrhundert die Lungentuberkulose besiegt hat. Aber es zeigen sich ja eben jetzt wieder Anzeichen von seuchenartiger Massensucht.

Wie die Sozialpolitik und die Gesundheitsvorsorge heute, so haben die Obrigkeiten und vor allem die Korperationen der Klöster, der Spitalkonvente, die Organisationen des „Gemeinen Kastens" der nachreformatorischen Zeit sich um soziale Sicherheit bemüht, damit die „Risikobevölkerung", jener Bevölkerungsteil, der von jeder konjunkturellen Beschäftigungsschwankung in das Heer der Landfahrenden abgedrängt werden konnte, sich nicht vermehre. Vor allem die Zünfte und Gewerbe haben sich der Fürsorge und Sicherung in Zeiten der Arbeitslosigkeit, der Krankheit, des Alters und der Verarmung gewidmet[149]. Wenn man sagt, daß das Streben nach Sicherheit sich in unserer Zeit unglaublich verstärkt habe, kann doch demgegenüber der Satz Geltung beanspruchen: „Erinnern wir uns an die erwähnten Einrichtungen aus früheren Jahrhunderten, so muß die Behauptung, daß das Streben nach Sicherung allgemein zunehme, mit Vorsicht aufgenommen werden"[150].

---

149) FRÖHLICH, S.: Die soziale Sicherung bei Zünften und Gesellenverbänden, passim.

150) WEISSER, G.: Soziale Sicherheit für alle. In: Was ist Sicherheit? 54.

Forschungs- und Sitzungsberichte
der Akademie für Raumforschung und Landesplanung

Band 141

Schutzbereiche und Schutzabstände in der Raumordnung

Inhaltsverzeichnis Seite

Der Band umfaßt 142 Seiten; Format DIN B 5; 1982; Preis: 42,- DM
ISBN 3-87870-502-6

Auslieferung
CURT R. VINCENTZ VERLAG · HANNOVER

Forschungs- und Sitzungsberichte
der Akademie für Raumforschung und Landesplanung

Band 142

Städtetourismus

Analysen und Fallstudien aus Hessen, Rheinland-Pfalz und Saarland

Inhaltsverzeichnis Seite

Der Band umfaßt 224 Seiten; Format DIN B 5; 1982; Preis: 56,- DM
ISBN 3-87870-503-4

Auslieferung
CURT R. VINCENTZ VERLAG · HANNOVER